之教学设计及实践

LEYUEHUAKAI
ZHI JIAOXUE SHEJI JI SHIJIAN

主　编　杨成兰
副主编　董　自　刘　恒
编　委　李婷梅　帅玲秀　胡兴迪
　　　　胡　军　周朝阳　周丽嘉

四川大学出版社

项目策划：梁　胜　陈　纯
责任编辑：陈　纯
责任校对：陈克坚
封面设计：墨创文化
责任印制：王　炜

图书在版编目（CIP）数据

“乐悦花开”之教学设计及实践 / 杨成兰主编. -- 成都 : 四川大学出版社, 2019.12
ISBN 978-7-5690-3300-7

Ⅰ. ①乐… Ⅱ. ①杨… Ⅲ. ①课堂教学—教学设计—小学 Ⅳ. ①G622.421

中国版本图书馆CIP数据核字（2019）第280496号

书名　“乐悦花开”之教学设计及实践

主　　编	杨成兰
出　　版	四川大学出版社
地　　址	成都市一环路南一段24号（610065）
发　　行	四川大学出版社
书　　号	ISBN 978-7-5690-3300-7
印前制作	四川胜翔数码印务设计有限公司
印　　刷	郫县犀浦印刷厂
成品尺寸	170mm×240mm
印　　张	15.75
字　　数	292千字
版　　次	2019年12月第1版
印　　次	2019年12月第1次印刷
定　　价	39.00元

◆ 读者邮购本书，请与本社发行科联系。
电话：(028)85408408/(028)85401670/
(028)86408023　邮政编码：610065
◆ 本社图书如有印装质量问题，请寄回出版社调换。
◆ 网址：http://press.scu.edu.cn

四川大学出版社
微信公众号

目　录

教学设计

教学论文

教学设计

饮湖上初晴后雨

胡　军

教材分析

五单元的主题为“水”，《古诗二首》是其中的一篇主体课文，分别是唐代诗人温庭筠写的《过分水岭》和宋代诗人苏轼写的《饮湖上初晴后雨》，表现了诗人对祖国山水的赞美之情。为了便于统整、比较阅读，我在完成了《过分水岭》的教学后，新增了一首同是苏轼写的描写西湖美景的《六月二十七日望湖楼醉书》。

学情分析

学生经过四年多的古诗积累和学习，已基本掌握古诗的“学习三部曲”，即初读，读通诗句；再读，理解诗意；又读，品味诗境。所以，古诗对他们而言，是积累的素材，是审美熏陶的载体，是文化传承的纽带，但是他们往往会忽略古诗的一些表达技巧，“知其然而不知其所以然”。

教学目标

1. 正确、流利、有感情地朗读古诗，体会诗人对西湖美景的赞美之情，品味诗歌的韵味。

2. 独立认字学词，理解诗中“潋滟”“空濛”的意思。

3. 通过比较阅读，初步感知古诗中三种常见的写景方法。

教学重点

通过品读诗句，展开想象，体会西湖在晴雨天气下不同的两种美景，感受诗人对西湖的赞美之情。

教学难点

能初步领会古诗中常见的三种写景方法。

教学过程

一、一个湖　一个人

师：在美丽的江南水乡，有一个闻名遐迩的湖，它就是西湖。（板书：一个湖）西湖之上，有著名的“十景”。单看这“十景”之名，就足以令人向往，轻轻地读出来。（PPT 出示：十景名）生齐读。

师：十景之中，我特别推荐这一景“苏堤春晓”。（PPT 出示：苏堤实景图）这条横贯西湖南北的长堤就是“苏堤”，它是后人为了纪念宋代一个文采斐然的天才而命的名。知道这个人是谁吗？（板书：一个人）

生：苏轼。

师：对，就是被称为“唐宋八大家”之一的苏轼。（板书：苏轼）当年，苏轼任杭州知州时，曾指挥 20 多万人疏浚西湖，然后用挖出的淤泥堆筑起这条长长的堤岸。由此，苏轼也就把自己和西湖永远地联系在了一起。他一生写下了大量描写西湖美景的诗。今天，咱们就来学习其中最有名的《饮湖上初晴后雨》。

二、一个湖　两种美

生：齐读诗题。

师：猜猜，什么意思？

生：苏轼在湖边喝酒，天气开始很晴朗，后来下起了雨。

师：湖边喝酒？再看看诗题。

生：喔，应该是在西湖的小船上喝酒。

师：本来一边喝酒一边欣赏湖光山色，是挺惬意的一件事，可不想天公不作美，下起了雨。如果是你，会有怎样的感受？

生：我会觉得很失望，因为本来好好的在喝酒，却下起了雨，破坏了兴致。

生：我觉得没什么呀，因为先欣赏了晴天西湖的美，后来又可以欣赏雨天西湖的美。

师：那苏轼是会如大多数孩子一样，乘兴而来扫兴而归呢？还是像刚才那位孩子一样，好心情不受天气变化的影响呢？自读古诗，注意把诗句读通、字音读准。

生齐读全诗。

师：苏轼的好心情还在吗？

生：在。

师：不是下雨了吗？多扫兴啊！

生：“山色空濛雨亦奇”，他觉得下雨让山色显得更奇妙，所以不觉得扫兴。

生：“淡妆浓抹总相宜”，他觉得晴天的西湖就像西子的浓妆，雨天的西湖就像西子的淡抹，都很美。

师小结：原来是苏轼发现了晴雨西湖的两种不同的美。（板书：两种美）

（PPT 出示：晴雨西湖图）生分成两组，以“晴西湖”“雨西湖”为主题分头准备“西湖美景大 PK”，PK 内容包括“水面、岸边的树木、远处的古塔或远山”。

生：（晴）杭州之美在于西湖，西湖之美在于晴。

生：（雨）雨天的西湖像蒙上了一层银色的面纱。

生：（晴）晴天的西湖波光粼粼，水面像一面镜子映出了湖边的美景。

师：波光粼粼是诗句中哪个词的意思？

生：潋滟。

生：（雨）一颗颗雨点像珍珠一样洒在西湖水面，荡起了一圈圈涟漪。

生：（晴）阳光下，一棵棵大树像观赏西湖美景的游客一样，静静地站在湖边。

生：（雨）柳树在雨水的冲打下梳理着长长的头发，一丝丝绿色的长发随风飘动，美不胜收。

生：（晴）远处的古塔像一个将军，俯瞰着自己的战场。

生：（雨）远处，几座山峰若隐若现，显得很朦胧，很神秘。

师：“朦胧”是诗句中哪个词的意思？

生：空濛。

师：看来，西湖美景，晴雨皆宜（板书：晴雨皆宜）。看看诗中苏轼是怎么概括这两种美的。

生：欲把西湖比西子，淡妆浓抹总相宜。

师：“宜”是什么意思？

生：好看。

生：合适。

师：“合适”就是刚刚好，增之一分则嫌多，减之一分则嫌少，这是美的最高境界。在这境界，不管你是宛转低吟，还是高声诵读，也总是相宜的。用你喜欢的方式背诵这首古诗。

生自由背诵古诗。

三、一个湖 三尾“鱼”

师：在苏轼眼中，不管是日光下，还是空濛雨雾中，西湖都美得恰到好处，甚至疾风骤雨里，也别有一番韵味。（PPT 出示：《六月二十七日望湖楼醉书》）自己读一读，把它读通、读顺。

生自读。

师：这场来去匆匆的疾风骤雨发生在哪一天？

生：六月二十七日。

师：那一天，苏轼在干什么？

生：在望湖楼上喝酒。

师：哪有“酒”字？

生：诗题中有个“醉”字啊。

师：所以，我们在读古诗的时候，千万不能忽略诗题，因为在诗题中，会包含很多有用的信息。话说六月二十七日的午后，天气很闷，没有一丝风。苏轼来到西湖边的望湖楼上饮酒消暑。忽然，天色暗了下来，他往窗外望去，只见——

生齐读“黑云翻墨未遮山”。

师：乌云像打翻的墨汁在天边翻滚，远处的山巅依稀可辨。苏轼心想：这是要下大雨了吧？说时迟，那时快——

生齐读“白雨跳珠乱入船”。

师：白色的雨点重重地砸在船头，水花四溅，仿佛千万颗跳动的珍珠。太壮美了！忽然——

生齐读“卷地风来忽吹散”。

师：乌云散了，大雨没了，低头一望——

生齐读“望湖楼下水如天”。

师：西湖的这番即兴表演让苏轼如痴如醉，他心潮澎湃，挥笔写下了这首诗——

生齐读全诗。

师：苏轼能把西湖写得这么绝妙，除了他爱西湖，更因为他放了三尾神奇的“小鱼”在自己笔下的西湖水中。（板书：三尾“鱼”）

1. 第一尾“鱼”。

师：这第一尾“鱼”虽然神奇，却并不神秘。（PPT 出示：两首古诗）你发现了什么？

生：我发现画了波浪线的句子都是比喻句。

师：对，这两首诗中都用了比喻句，特别是第二首诗，短短的四行诗就有三行都是比喻句，看来，苏大文豪很喜欢运用这种方法来描写笔下的景物。（板书：巧用比喻）在这四个比喻中，你最喜欢哪个？简单地批注在诗句旁边。

生批注，师巡视。全班交流。

生 1：我喜欢“黑云翻墨未遮山”这个比喻句，如果是我，我只能描写出云黑黑的，作者却说是墨打翻了，与众不同、很巧妙。

生 2：我也喜欢这句，他把黑云比成打翻的墨汁，这不仅写出了云黑得无与伦比，还写出了云的形状千奇百怪、变幻万千。

师：浓浓的“墨汁”在天边翻转，本来应该是“墨翻”，但诗人偏偏要把动词前移成“翻墨”，让这个比喻一下就灵活生动起来了。

生 3：我喜欢“白雨跳珠乱入船”这个比喻，它将雨珠比作跳跃的珍珠，生动形象地与“乱”一并写出了雨珠的调皮活泼。另外，“白雨”也写出了雨珠的颜色，似晶莹剔透的钻石。

师：对苏轼自己来说，他最喜欢的就是这个比喻。当他五十岁再到杭州，特意又写道：“还来一醉西湖雨，不见跳珠十五年。”看来，15 年前的这场大雨一直跳动在诗人的记忆里。

生 4：我喜欢“欲把西湖比西子”这个比喻句，它将西湖比作西施，把西湖的美体现得淋漓尽致。

师：知道西施是谁吗？

生：西施是古代有名的美女。

师：以美人喻美景，的确新奇巧妙。在苏轼眼中，西湖和西施一样，天生丽质，二者又同在吴越之地，关键是名字中都有一个“西”字，真是巧得不能再巧了。这个浑然天成的比喻也就成了传诵度最高的一句赞美西湖美景的诗。

分读四句比喻句。

2. 第二尾“鱼”。

师：知道为什么咱们要一起读“欲把西湖比西子，淡妆浓抹总相宜”吗？因为它不是对西湖一处之景、一时之景的描写，而是对西湖美景的一个全面评价，自然全班齐读才更有气势，更有说服力。

师：如果说《饮湖上初晴后雨》是从“面”上来描写西湖，那么《望湖楼醉书》呢？

生：是从“点”上来写的。

师：哪个“点”？

生：雨“点”。

师：当我们在描写一处景物的时候，既要有整体的概括性描述，又要选择一到两个具体描写的“点”，点面结合（板书：点面结合），笔下的景物才更富有特色。

3. 第三尾“鱼”。

师：《饮湖上初晴后雨》中诗人当时坐在船中饮酒，那么，他低头看到的“水光潋滟”对他来说，是近景还是远景？

生：近景。

师：“山色空濛”呢？

生：远景。

师：你能像这样，说说第二首诗中的远近描写吗？

生：《望湖楼醉书》中，作者在望湖楼喝酒，所以“黑云翻墨未遮山”对他来说，是远景；“白雨跳珠乱入船”是近景。

（PPT 出示：两首诗的远近描写）

师：你发现了什么？

生：它们都是一句远景，一句近景。

生：远近描写是交叉的。

师：这第三尾小“鱼”的名字就叫“远近结合”（板书：远近结合）。有了它，描写的景物才更有层次，就像电影镜头一样，可以将我们的阅读视线拉远，也可以放近，让读者体会到一种空间转换的乐趣。

四、拓展运用

师：看着这两首诗，胡老师忽然异想天开地想把它们合成一篇现代的描写西湖美景的文章，你们觉得可行吗？

生：可行。

师：那下来帮我理理思路呗。下课。

板书设计

一个湖	一个人		苏轼
	两种美		晴雨皆宜
	三尾“鱼”	{	巧用比喻 点面结合 远近结合

大象的耳朵

李婷梅

教材分析

二年级下册第七单元以“改变”为主题，编排了《大象的耳朵》《蜘蛛开店》《青蛙卖泥塘》《小毛虫》4 个有趣的童话故事。

从人文主题的角度看，本单元重在引导学生认识自我、肯定自我、关心自我成长，渗透“变”与“不变”的辩证关系。《大象的耳朵》作为本单元第一篇课文，旨在引导学生认识自我，建立自信，树立“各美其美”的意识；《蜘蛛开店》通过蜘蛛开店不成功的经历，引发学生思考“如何有效改变”；《青蛙卖泥塘》《小毛虫》旨在引导学生发现改变的意义。4 篇课文从“变”与“不变”两个维度展开，引导学生打开思路，树立依据实情恰当选择的意识。

从语文要素的角度看，本单元的语文要素为“借助提示复述故事”，这一训练具有承上启下的作用。由于从一年级起就进行了“复述故事”的相关铺垫，二年级下册第七单元中《大象的耳朵》的课后题没有明确的复述要求，但“画出课文中大象的话，说说大象想法改变的原因”，暗含“按顺序、抓语言、想心情”的复述要求，《蜘蛛开店》课后题明确提出“根据示意图讲一讲这个故事”，《青蛙卖泥塘》课后题“青蛙为卖泥塘做了哪些事，最后为什么又不卖泥塘了”，暗含“抓情节”的复述要求，《小毛虫》课后题明确提出“画出相关词句，借助提示讲讲这个故事”。“借助提示复述故事”的练习，为三年级学习详细复述奠定了基础。

《大象的耳朵》围绕大象“耷拉的耳朵”展开，讲述了大象逐渐认识自己、发现自己的过程。小学低段学生对外部世界具有很强的好奇心，却很少反观自身特点，所以“结合生活实际理解‘人家是人家，我是我’”成为教学的难点。金子美玲创作的小诗《我和小鸟和铃铛》，将“我”与“小鸟”“铃铛”作比较，渗透了“各美其美”的意识。教学中，教师应当以此诗为桥梁，引导学生在诵读品味、模仿创作的过程中打开思路，结合自己的生活实际，从不同角度认识自己、发现自己，体悟“人家是人家，我是我”蕴含的自信与喜悦之情，学会悦纳他人、悦纳自己。

学情分析

低段小学生处于学习的起步阶段，激发发现的兴趣、树立发现的意识、渗透发现的方法尤为重要。二年级下期，学生已了解了“看图识字”“熟字变脸”“部件组合”等识字方法，学习了“抓结构”“看压线”等写字小窍门，初步具备结合上下文和生活实际了解词句意思的能力。

苏霍姆林斯基说：“在人的心灵深处，都有一种根深蒂固的需要，这就是希望自己是一个发现者、研究者、探索者。”结合学情，我们设计了以“发现”为主的学习活动，落实本单元的语文要素和人文精神。

其一，识字教学以“遇”字为突破口，引导学生进一步发现“会意字”构字规律，运用“猜一猜、验一验”的识字方法识记生字；多音字以“扇”为突破口，引导学生发现识记多音字的方法——“扩词对比法”。其二，写字教学引导学生借助已有经验，将生字按结构进行归类，进一步发现写好一类字的小妙招。其三，引导学生通过自主、合作和探究的学习方式，品读大象说的话，发现大象想法改变的原因，掌握“按顺序、抓语言、想心情”的复述方法。其四，补充小诗《我和小鸟和铃铛》，引导学生在对比阅读中发现自我、肯定自我，树立“人家是人家，我是我”的意识。

教学目标

1. 认识“耷、竖”等 9 个生字，其中包含“似、扇”两个多音字；会写“扇、慢”等 8 个生字。

2. 读好问句，体会小动物和大象的心情；画出大象说的话，了解大象想法改变的原因，学习运用“按顺序、抓语言、想心情”的方法复述故事。

3. 结合生活实际，理解“人家是人家，我是我”的意思。

教学重点

画出大象说的话，了解大象想法改变的原因，学习运用“按顺序、抓语言、想心情”的方法复述故事。

教学难点

结合生活实际，理解“人家是人家，我是我”的意思。

教学过程

一、复习导入，激发探究兴趣

1. 游戏激趣。

课前，我们在游戏中认识了各种各样竖着的耳朵。猜猜看，这又是谁的耳朵？这节课，我们继续读故事《大象的耳朵》。

2. 复习巩固。

(1) 回顾特点：大象的耳朵有什么特点呢？谁还记得？

(2) 出示句子：大象有一对扇（shàn）子似的大耳朵，可以用来扇（shān）虫子。

朗读句子，书写“扇”字。

3. 问题导入。

大象的耳朵开始是耷拉着的，接着变成了竖着的，再后来又变回耷拉的样子，为什么会变来变去呢？

二、字理识字，了解构字规律

1. 学习会意字“遇”。

(1) 看动画，形象感知“遇”字的构型特点。

(2) 引导发现会意字特点：两部分意思相加组成新字的意思，这个新字就是会意字。

2. 学习会意字“安”。

(1) 猜字义：本课还有一个会意字，能猜猜它的意思吗？

(2) 明字义：古时候，男子成年就要建新房，娶新娘，成家立业，过上安定的日子，心里也就踏实了。所以，人们现在也常用“安”来表示“安定”的意思。

(3) 积累成语：安家落户、安居乐业。

(4) 组词运用。

三、品读课文，理清故事线索

1. 学习第 3~8 自然段，知道为什么大象的耳朵会从耷拉变为竖着。

(1) 明确学习任务。

• 默读第 3~8 自然段，用“________”勾出大象说的话。

• 想一想：大象的想法是怎么改变的？

（2）自主学习，完成练习。

（3）分享交流，提炼方法。

·订正句子：看看大屏幕，勾对了吗？没对的改一改。

·交流提示：大象的想法为什么改变？能看着大象说的话，借助图画说一说吗？

·学生交流，理清思路。

·教师小结，提炼方法：抓住大象和小动物的语言，就把大象想法改变的原因说清楚了。（板书“抓语言”）

·品读语句，体会心情：大象的想法在变，心情也在变。大象说这两句话时，心情有什么不同？（板书“想心情”）

（4）多元对话，入情入境。

·品读第 3～6 自然段：师生对话，读好问句，引导学生关注语气词“咦”及疑问词“怎么”。

·品读第 7 自然段：同桌对话，练习表达。

·品读第 3～8 自然段：创设情境，请学生扮演大象，与其他同学对话，体会大象把耷拉的耳朵竖起来的原因。

2. 学习第 9～13 自然段，知道为什么大象的耳朵会从耷拉变为竖着。

（1）明确学习任务。

·默读 9～13 自然段，用“______”勾出大象说的话。

·想一想：大象的想法是怎么改变的？

（2）自主学习，完成练习。

（3）分享交流，提炼方法。

·订正句子：看看大屏幕，勾对了吗？没对的改一改。

·分享交流：大象的想法为什么改变？此时心情怎样？

四、理清思路，掌握复述方法

1. 明确学习任务。

·连起来说说大象的耳朵为什么会从耷拉变为竖着，再变回耷拉。

·说的时候，请用表示先后顺序的词语，如：“开始……接着……最后……”得一颗星；抓住大象的话，得一颗星；说出了大象当时的心情，再得一颗星。

2. 同桌练说。

3. 全班分享，互动评价。

五、练写生字，提升书写能力

1. 回顾书写小窍门。

一看结构、二看笔画。

2. 书写生字“遇”。

(1) 学生分析结构特点及关键笔画占位。

(2) 教师范写提示：先里后外要记清，竖一笔、提一笔，分开两笔写正确，左下包围捺舒展。

(3) 学生练写。

3. 书写生字“安”。

(1) 学生分析结构特点及关键笔画占位。

(2) 教师和学生一同练写。

4. 集体评价。

六、拓展阅读，联系生活表达

1. 朗读小诗：《我和小鸟和铃铛》。

2. 创作小诗：同桌互说、全班分享。

3. 教师小结：孩子们在对比中发现了不一样的自己，让我们一起自信地说（我们不一样，我们都很棒）；发现自己，做最好的自己，让我们一起大声地宣告（人家是人家，我是我）。

七、总结存疑，激发阅读期待

引发思考：可是，真的什么都不应该改变吗？二年级下册第七单元还有几个有趣的故事，读一读，你会有不同的发现！

大象的耳朵

人家是人家，我是我

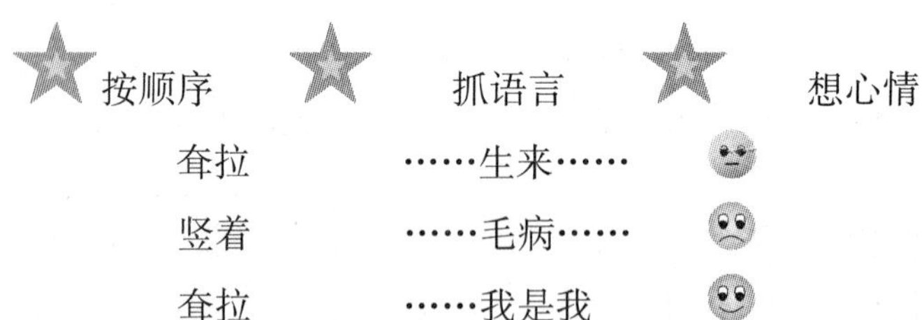

陋室铭

王燕华

教材分析

《陋室铭》是古代散文中的名篇，以其立意鲜明、构思巧妙、韵味深长而脍炙人口。全文寥寥 81 个字，通过对居室情景的描绘，极力形容“陋室不陋”表达一种高洁傲岸的情操和安贫乐道的情趣。《陋室铭》是引领五年级学生初步领略古代文学之美的一篇美文，也是引领学生汲取古人情趣提高个人修养的样例。

学情分析

五年级的学生，在理解和领悟古文方面跟七年级学生相比还有一些差距，本课教学着眼于让学生初步阅读，大致理解，主要培养学生对古文学习的兴趣。

教学目标

1. 通过此课的学习，让学生学文、识人，感受到刘禹锡在困境中仍然志存高远，洁身自好的高尚情操。

2. 渗透中国传统文化，感受刘禹锡的交友之道，为人之道，生活之道。

3. 了解孔子、诸葛亮、扬子云等圣贤对于“陋室”之见，让学生领悟陋室因君子居住而不陋的内在价值。

教学重点

对陋室之景、友、乐的品读。

教学难点

理解“陋室不陋”。

教学过程

一、引入新课，了解作家及作品创作背景

1. （板书：铭）铭，是个形声字，从金字旁我们可以理解“铭”最早是指古代刻于金属器具上的文字，后来演变为一种文体。“铭”篇幅短小，文字简约，寓意深刻。这节课，我们将学习一篇古文，（板书：陋室）齐读课题。

2. 它的作者是（板书：刘禹锡）唐代的文学家、哲学家。在《小学生必背古诗》中，我们已经接触过他的诗作。齐读相关诗句。从这些诗句中，你读出了一个怎样的刘禹锡？

3. 这节课，我们将一起读一篇古文，也好好读读刘禹锡这个人。

图中这位清瘦的老人正是晚年的刘禹锡。这个人可了不得，他在 19 岁的时候就考中进士，开始为官。

可当时的唐王朝在经历了“安史之乱”后已渐渐衰落，为了黎民百姓的幸福，刘禹锡 34 岁那年，和柳宗元一同参与了一次重要的政治革新——永贞革新，但被人弹劾，被贬到了远离长安的小地方做了个小官。

十年后，44 岁的刘禹锡终于被召回京城。但仅仅因为一首诗，又触犯了朝廷，他第二次被贬谪，这一贬又是整整 12 年。他辗转了好几个小地方，每到一处，都饱受地方官员的冷落。

53 岁时，刘禹锡到了和州。按照朝廷惯例，他本来可以享受在县衙内居住三间三厢的待遇，然而，县官把他打发到城南江边，给了三间平房；后来，又把他挪到城北河边，给了一间半房；最后，把他挪到县城中，只给了一间斗室。

4. （PPT 出示：陋室图片）这就是当年他居住的只容一桌、一椅、一床的斗室，你觉得这间斗室怎么样？

难怪刘禹锡称它为——陋室。可见，陋室是什么样的？（板书：简陋、狭小）

二、初读课文，了解文章大意

1. 如果我们也像刘禹锡这样“龙困险滩遭虾戏，虎落平阳被犬欺”，住在这样的陋室里中，你的心里会是什么感受？

刘禹锡在这陋室中表现出的是怎样的情绪，怎样的心境呢？我们走进文章去看看。

2. 老师范读，学生用心感受。

你感受到了他怎样的心情，怎样的感受？是什么样的心境，使得他居住于这样的陋室，还这样的乐观呢？

3. 我们进一步走进文章，走近刘禹锡。

请三个同学读课文。师板书：陋室德馨、陋室之乐、陋室何陋。

三、品读课文，体会陋室之景、友、乐

（一）陋室德馨

1. 让我们回到文中写“陋室德馨”的部分。请一生朗读。

2. 你能结合译文，说说这三句话的意思吗？

学生交流，理解“斯、惟、馨”的意思。

3. 从这几句话中，你认为刘禹锡看重什么？（德）

被贬谪20来年，他却没有自甘堕落；几次三番被刁难，却不记恨小人，他仍然时刻牵挂心中的追求，后来又到苏州等地，为百姓造福。他的品德如何？

他虽身在陋室，却不改志向，写出《陋室铭》。这难道不正是“德馨”的表现吗？让我们一起吟诵这千古名句。

（二）陋室之景、友、乐

1. 陋室之景。

（1）惟吾德馨！有了这份心境，那眼前还有什么不是赏心悦目的呢？（PPT出示：3句，生朗读。这就是陋室之景）

（2）他看到的是什么景色？（苔痕上阶绿，草色入帘青）

（3）品读。你觉得这景如何？

这苔藓和小草虽然没有荷花的高洁，牡丹的艳丽，梅花的芳香，但在刘禹锡的眼中，它们有了灵性，“上”与“入”这两个字把苔藓和小草写活了。

这“上”与“入”，两字让静态的苔藓与小草动了起来，好像它们的生命在跃动，主动地与“德馨”之人相伴。这可真好。（读）

这真是“德不孤，必有邻”啊！不仅有邻，有朋也会自远方来。

2. 陋室之友。

（1）男生读句子。

（2）何谓“鸿儒”，何谓“白丁”？（学生谈理解）

（3）儒家将友谊列为“五伦”之一，刘禹锡家庭世代以儒学相传，因此他

也将友谊看得很重。瞧，与他相交的鸿儒都有谁？（板书：白居易　柳宗元）他们不光学富五车，才高八斗，更重要的是他们都热切盼望能振兴国家，这样有才有德的人不就是一个个鸿儒吗？（抽生读）

指导：将军们有谈笑间樯橹灰飞烟灭的大气魄，鸿儒们有谈笑中心怀天下的大气度！谁能读出这种大气度。（读）

没有学问的人称为“白丁”。儒家认为，如果一个人能尊重贤人，具备了孝、悌、忠、信，那么他就是有学问的人。反之，哪怕他才华过人，官高位显，但没有仁德之心，那不就是“白丁”一个吗？这样的人有什么可交？所以“谈笑有鸿儒”，真好；“往来无白丁”，也好！这就是刘禹锡的交友之道。（读）

3. 陋室之乐。

（1）快乐还不止于此，女生齐读。

（2）闲暇之余，可以拨弄拨弄，（生说意思）；可以阅读阅读，（生再说）。

这琴是“素”的，没有装饰，朴素、自然，颜色本真；这佛经是用泥金蘸水写成的，庄重、神圣，光芒万丈。音乐能够陶冶性情，佛经能够纯净心灵。这种快乐与朋友谈笑之乐不同：

这是一种心领神会的快乐。（男生读）

这是一种沐浴春风的快乐。（女生读）

（3）静下心来，内心就能如浩渺的湖水，一片宽阔，一片宁静。以至于“无————，无————”（生读课文）。

（4）理解“丝竹”和“案牍”。官场之中享乐时的歌舞之声会消磨人的意志，官场之中烦琐的事务会耗尽人的精力。好吧，这里是陋室，没有音乐乱耳，没有琐事劳形，我自得其乐，保持自己内心的纯净。（读）

小结：你看陋室啊，有色有声，有邻有友；你看这身处陋室中的人儿啊，有趣有乐，有滋有味。好景！这好友！好快乐！

（三）陋室何陋

1. 自古以来的陋室，何止一间，这里还谈到了两处。生齐读。

2. 一为（诸葛庐），一为（子云亭）。

3. 讲解：庐是什么庐？（用茅草搭成的屋子）。亭：指玄亭。

关于诸葛亮的草庐你知道什么故事？

诸葛亮：虽居于陋室，但刘备却三顾茅庐。隐他修身养德，鞠躬尽瘁。刘备能将自己的孩子托付于他，可见他的品德是多么高尚啊！诸葛亮的人生，不正是刘禹锡所希望的吗？

扬子云：小时候好学，博览群书，不追逐富贵，不担忧贫贱，穷得没有一石余粮，却很安然。扬子云的人生，不正是刘禹锡所希望的吗？

时时刻刻以古人为鉴，刘禹锡自然地想到了圣人孔子的话：（讲解：孔子的原话）“何陋之有”，反过来说，就是“有什么简陋的呢”？用孔子的话来说，这样的陋室为什么它不陋啊？（君子居之）诸葛庐、子云亭，以及九夷，都很“陋”，但有什么关系呢？因为他们都是堂堂君子，陋室也就不显得陋了。那么刘禹锡居住的这只容一床、一桌、一椅的房子，到底是陋，还是不陋呢？（陋：简陋；不陋：虽然我身居陋室，但我的品德散发着幽香，这样的陋室也就不再陋了。）

孔子也好，诸葛亮、扬子云也好，都深深地知道：（PPT 出示：君子居之，何陋之有）我刘禹锡如今也居于陋室之中，但我要以三位古人为榜样，时时提醒自己，陋室何陋啊！（齐读）想到这里，刘禹锡的心中充满了憧憬，充满了力量，充满了光明！

四、总结全文，升华主题

1. （PPT 出示：三受难，三写文）22 年的贬谪，没有让刘禹锡沮丧、沉沦；一次又一次的刁难，他不屑于愤怒，而是挥笔写下了《陋室铭》（生读刘禹锡的诗句）。从他在艰苦的环境中所抒发的诗文里，从这篇《陋室铭》中我们感受到了一个怎样的刘禹锡？（生交流看法）（板书：乐观积极，修身养德）

2. 面对贬谪和刁难，他不悲观也不埋怨。他身在陋室，但胸怀天下。终于，在 56 岁时，刘禹锡结束了贬谪生涯，回到了京城，后来跟白居易还有很多唱和之作。他也算长寿，活到 70 岁，让我们再回到这间陋室中，坐在他抚摸素琴、阅读金经的地方，来感受他乐观的心境和芳香的品德。

伴着音乐，再次有感情地诵读全文。

3. 我相信，《陋室铭》所散发出的人文芳香，会感染在座的每一个人；刘禹锡的人格魅力更是会激励着我们。让我们将这样一篇文章，这样一个人，铭记在心中。（全班背诵）

刘禹锡		陋室德馨	乐观积极，修身养德
柳宗元	陋室铭	陋室之乐	
白居易		陋室何陋	

大自然的语言

李　怡

教材分析

本课是北师大版教材第六册 88～90 页第九单元“观察与发现”第一篇主体课文。这是一首知识性小诗，文字浅显、文笔优美，它从一些最为常见的自然现象入手，展示了大自然的奥秘。

学情分析

这首知识性小诗，不论是什么样的语文学习基础的孩子读到，都会被它简洁的文风、活泼的文字所吸引。而且这首小诗，无论是在识字、阅读与理解感悟上都不会给学生造成太大的障碍，语文课堂，不仅仅是让学生学习语文知识的课堂，还是培养学生养成良好学习习惯的重要阵地。课堂上，教师始终要把自己摆在与学生同等的位置上，引领学生走入文本，走入内心，教师需要做的就是给学生提供充分的读书时间，尤其是朗读的时间，让学生悄然走入大自然的召唤中，去观察思考、去读懂妙不可言的自然之语，激发他们探索大自然的兴趣。

教学目标

1. 通过阅读课文，引发学生留心观察大自然，指导学生在一定的观察方法指导下有所发现。

2. 通过朗读课文指导学生掌握朗读的节奏，读出诗歌的语气，引导学生领略大自然语言的神奇，激发他们探索大自然语言的兴趣。

3. 结合学生的生活世界与想象世界，整合课内外的课程资源，引导学生仿编、创编。在此过程中深入体会本文是如何用平实、通俗、有趣的语言解释、介绍深奥的大自然的知识的。

教学重点

通过朗读课文指导学生掌握朗读的节奏，并读出诗歌的语气。引导学生领略大自然语言的神奇，激发他们探索大自然语言的兴趣。

教学难点

理解诗歌的第八小节。

教学过程

一、师生谈话，揭示主题

1. 从课前的谈话中，我们都感觉到了，语言是有魔力的。它能在这么短的时间里为我们传递许多信息，让心与心贴近。（板书：语言）看看这两个字，都有“口”，这两个“口”告诉我们什么？别以为只有人才能说话，谁也有语言？（板书：大自然的）。

2. 今天，我们就来学习一首写大自然的语言的小诗。齐读课题。关于大自然的语言，你想知道什么？

3. 是呀，大自然用什么来和我们说话，它要告诉我们什么？赶快翻到第89页，走进课文里去一探究竟吧。

二、师生合作，研读小诗

1. 预习了课文，我们来看看大家生字新词学得怎样？（检查“略”“嵌”“脉”字）

2. 别以为只有人才会说话，大自然也有语言，这语言到处都有，睁开眼就能看见。大自然到底用什么在和我们说话？默读2～8小节，用“——”勾出。

3. 这语言到处都有，看看，是这样吗？（板书：到处都有）

4. 大自然通过它的语言要告诉我们什么？自读2～8小节，和同桌讨论讨论。

5. 汇报开火车读、表演读。

（1）2～3小节。

白云轻轻飘浮在蓝天上，那么高那么远，多美呀，把这种感觉读出来。

小蚂蚁们，要下雨啦，动作快点吧。

白云高飘，蚂蚁搬家都是大自然在向我们传递信息呢，它想告诉我们什么？(板书：天气)

(2) 4～5 小节。

小蝌蚪是春天的诗篇里可爱的逗点，大自然多像一支神奇的笔，这支神奇的笔不光在水面写诗，它还在蓝天上作文呢！大自然大笔一挥，天空中出现了一串飞翔的省略号，再读句子。

大自然通过水里的蝌蚪、天上的大雁告诉我们春到秋来——（板书：季节）

(3) 6～7 小节。

和老师配合读书：大树如果被砍倒，你会把年轮发现——

你如果钓到大鱼，鱼鳞上也有圆圈——

年轮和鱼鳞，用一圈一圈的纹路让我们知道大树和大鱼的——（板书：年龄 ）

(4) 8 小节。

这一小节中大自然的语言特别奇妙，也非常深奥，你一定有想要弄明白的问题，提出问题来，大家讨论讨论。

师讲述：三叶虫化石嵌在喜马拉雅山脉，是大自然在默默地对我们说：很早很早以前，这里曾是无边无际的大海，海涛时时卷起波浪，搏击着长满松柏、铁杉和棕榈的海岸。后来，地壳发生了一次强烈的造山运动，地质上称为“喜马拉雅运动”，(板书：地质）使它逐渐长高，形成了今天世界上最雄伟的山脉，而且现在还在缓缓上升。知道吗，了解地质变迁对我们研究地震帮助非常大。

6. 看一看，想一想作者是怎样用诗歌把大自然的语言传递给我们的？我们重点来读读 2～5 小节，这几个小节在写法上有哪些特点？

指名读 4 小节。第一句话后面是什么标点符号？把“？”变成“。”这句话还可以怎么说？“蝌蚪”“大雁”头上有引号，为什么？句中把小蝌蚪比做什么？蝌蚪为什么像黑色的逗点？为什么用省略号来比喻大雁？

在提示的帮助下和同桌练习背诵这四个小节。

7. 大自然用它特有的神秘语言，传递各种各样的信息，向我们展示无穷无尽的奥秘。大自然的语言真是——，你说——你觉得——，……太神奇了，太奇妙了，说也说不完，说也说不明，我们只能感叹，大自然的语言真是妙不可言！(板书：妙不可言）大自然默默无语，却拥有妙不可言的语言。它让白云、蚂蚁告诉我们天气变化；让蝌蚪和大雁通知我们季节更迭；年轮和鱼鳞透露树和鱼年岁多大；沉睡的化石讲述地球不曾停息变化。

所以今后大家千万别以为只有人才会说话，大自然——也有语言，这语言到处都有——

那，是不是我们每个人都懂得大自然的语言，为什么？（板书：观察）大自然的语言啊，虽然妙不可言，但——（PPT 出示：9 小节）只有什么样的人，才能发现？（板书：发现）

爱观察、勤思考，才能有所发现。（板书：与）

三、师生共创，仿写诗歌

1. 你还知道哪些大自然的语言？

2. 老师也很喜欢倾听、观察大自然的语言，我们一起来看看吧。（PPT 出示：大自然更多奇妙的现象）

（1）清晨，太阳从东方升起；傍晚，太阳从西边落下。黑夜，北极星高挂北边，能为你指点方向。

（2）樱花粉，菜花黄，春天悄悄来了。那荷花美了，菊花开了，蜡梅香了，大自然在告诉我们什么？

（3）蜘蛛结网，天放晴；燕子飞得低低，鱼儿浮出水面，大自然又想对我们说什么呢？

3. 老师也仿照课文编写了两小节诗歌，读一读。

你看那明亮的北极星，这就是大自然的语言：它高挂在夜空，永远指示北方。

雪花在空中飞舞，不就像美丽的小精灵吗？大自然在白茫茫的大地上写着：冬天来了，春天还会远吗？

喜欢吗？想自己来编小诗吗？你可以根据屏幕上的提示来编，可以仿照其他的小节来编，还可以自由表达。

自己好好想想，想好后再和同桌说说。

4. 汇报。

师生共同从仿写的内容和语言方面进行评点、修改。

5. 把咱们编的一节一节的小诗合起来，就是一首新的《大自然的语言》。听——大自然在召唤我们呢，让我们快快走进自然，去观察、去发现更多妙不可言的自然之语、自然之声。

板书设计

观察与发现

大自然的语言

到处都有　　妙不可言

白云　蚂蚁	蝌蚪　大雁	年轮　鱼鳞	三叶虫化石	……
天气	季节	年龄	地质	……

包汤圆

李虹霞

教材分析

《义务教育语文课程标准》第二学段习作要求中提出，“观察周围世界，能不拘形式地写下自己的见闻、感受和想象，注意把自己觉得新奇有趣或印象最深、最受感动的内容写清楚”。由此不难发现，作文教学既要培养学生遣词造句的能力，又要培养学生观察事物、捕捉特点的能力。北师大版小学四年级下册第四单元以“手”为主题，从友爱、劳动、科学知识等方面组文，让学生从多种角度了解“手”的特点。本次习作教学从“手”出发，创设贴近学生生活的“包汤圆”活动，让学生在动手实践的过程中留心观察，学会抓住最有趣或在印象最深的地方写出自己的所见所闻、所思所想。

学情分析

四年级学生已具备一定的遣词造句能力，但捕捉动作、语言、表情等细节的能力还需进一步提升。营造宽松的氛围，设计有趣的活动，让所有学生参与其中，学生有了共同的话题、不同的体验，在相互启发下，能围绕话题抓住最有趣、印象最深的地方进行表达，从而达成将活动写清楚、写具体、写生动的目标。

教学目标

1. 通过课堂实践，让每个学生都有动手的机会，激发写作的欲望，做到畅所欲言。

2. 关注自己的体验和感受，尝试运用比喻和拟人的手法进行表达，将活动过程写清楚、写生动。

教学重难点

关注自己的体验和感受，尝试运用比喻和拟人的手法进行表达，将活动过程写清楚、写生动。

教学过程

一、激趣

1. 看图谈话，激发兴趣。

师：同学们，今天老师为你们带来几张图片，都是大家用巧手创造出来的。来，请看大屏幕。(PPT 出示：汤圆的图片)

生发出了惊叹声。

师：看到这些图片时，你想到了什么？想说点什么？

生：这些汤圆太美了。包汤圆的手太巧了！

师：的确是一双双巧手，任何一件事，当我们把它做到极致的时候，就会给人带来美的享受。

生：好想吃呀！好可爱呀！

师：老师也有同感。汤圆的确很好吃，包汤圆也很有趣，今天咱们就要用我们的小手来包汤圆。想包吗？

生：想！(板书：包汤圆)

2. 初步描述，了解学情。

师：好！请一个孩子来说说，你是怎么包的？

生：我包汤圆的时候，先拿一小团湿汤圆粉使劲捏一捏，再给汤圆粉摁了个窝，接着把馅儿放进窝里，最后捏拢，搓一搓。

师：能干，步骤说得清楚明了，她用上了“先……再……接着……”这些表示时间先后顺序的词语，还用上了表示动作的词语，我们完全可以根据她的描述来包一包。

二、实践探究

1. 学生现场示范，老师做引导。

师：来，谁上来包包？给我们现场展示展示。

生：先拿一小团湿汤圆粉使劲捏一捏。(生边做边讲)

师：来，多捏两下。

师：看看她的表情，说说。

生：她面带微笑，好像很高兴的样子。

师：这是什么感觉呢？

生：软软的，黏黏的。

师：舒服吗？

生：舒服。

师：好，同学们等会儿一定要多捏几下，找找这种舒服的感觉。继续做，继续讲。

生：再给汤圆粉摁个窝。

师：快看！她给汤圆粉摁了个窝，这用来干什么呀？

生：装馅儿。

师：同学，举起这摁了窝的湿汤圆粉给大家看看，像什么？

生：摁了窝的汤圆粉，像个小碗。

生：还像小半个柚子皮。

师：不错，刚刚同学们都是用的比喻句。

师：这里，你们用上了比喻句，就让这个摁了窝的湿汤圆粉变得更形象了。闭上你的眼睛，咱们试试，这个时候的湿汤圆粉就像一个小巧玲珑的碗。

师：来，继续往下做。

生：把馅儿放进窝里，最后捏拢，搓一搓。

师：她老是搓不圆，同学们，如果你们是汤圆，这时会对她说什么呢？

生：你太笨了，你快点搓呀！

师：耶！这汤圆是急了，责怪你了，你安慰一下它吧！

生：小汤圆，别着急，我马上就好。

师：有没有宽容一点的汤圆呀？

生：别急别急，慢慢来，我不怪你。

师：好，慢慢来，欲速则不达嘛。说得真好！有没有哪个汤圆来鼓励鼓励她？

生：你包得挺好的，加油哟！

师：有了来自汤圆的鼓励，她马上就会成功的，汤圆会说话吗？

生：不会。

师：咱们这是用的什么方法让汤圆活起来了呢？这就是拟人法。

师：拟人法，它能让没有生命的物体变得能说会笑。

师：现在，汤圆终于包出来了，小厨师，有什么体会？

生：包汤圆还挺好玩的。

师：同学们早就迫不及待了，好，让我们做一做（板书：做）体验体验其中的乐趣，再想一想，（板书：想）有些什么感受？（板书：感受）等会儿，我们一起来交流交流。

2. 学生动手实践，然后交流。

师：包好了吗？你包得顺利吗？有没有不太顺利的？老师想邀请一个不太顺利的孩子来交流交流。

师：你不太顺利对吧？遇到了什么困难？那会儿你着急吗？你是怎么想的？来给我们讲讲！

生：我在搓汤圆时，用力太猛，结果把汤圆搓坏了，馅儿跑出来，我特别着急，想赶紧找办法补上。

师：还有不太顺利的孩子吗？来说一说。

生：我放的馅儿太多了，结果合不上。

师：你们遇到了困难，可是最终还是包成了，有没有没包好的呀？举手我看一看。

师：好！顺利成功的呢？没有成功的同学要向你们取经，想向他们问些什么呀？

生：怎么做不会弄破“小碗”？

生：为什么我老是搓不圆？

（学生相互指导）

师：现在，都包成功了吗？心情怎么样？

生：很开心！

师：对呀，心情好呀，就像喝了蜜一样甜！孩子们说得很好。待会儿写的时候，我们也合理地使用拟人和比喻的方法，就能让文章更加生动有趣！（板书：比喻　拟人　生动有趣）送你们一把金钥匙！（全班齐读）

师：回到教室，我们一起试试这些方法。

三、生回教室写习作，教师巡视指导

四、点评作文

1. 明确评价标准。

（PPT 出示：语句是否通顺，是否有心理活动，描写的方法怎样，文章是否生动有趣。）

师：刚刚，孩子们写了文章，现在，请你们推荐好作文了，要推荐别人的文章，咱们先得好好读读别人的文章。两个同学交换你们的作文，读一读，给他提一个优点，再提一个建议。

2. 相互推荐。

师：你为什么推荐她的？说说原因。

生：我觉她的语言很生动，尤其是这一处心理活动的描述。

师：我们一起来读一读！看看还有什么优秀的地方，有哪儿吸引你的地方，哪些精彩的地方？

生：她的描写很清楚，想象的汤圆对她说的话特别有趣。

3. 毛遂自荐。

师：自己觉得好的地方没有被同学发现，来勇敢地告诉大家。

生：我包汤圆的顺序写得清楚。

生：我像老师指导的那样运用了比喻，觉得还挺形象的。

师：说得真好，希望孩子们把我们学到的方法在平时的说话、习作中多用一用。今天的作文，咱们就评到这里，谢谢孩子们畅所欲言。

五、总结收获

师：今天，我们用自己的巧手包了汤圆，也用自己的笔写了汤圆，用手又用脑收获满满，也对汤圆有了更多地认识。其实在汤圆的背后还有很多美妙的故事，在中国人的传统习俗中，就有元宵节吃汤圆的习惯。因为汤圆象征全家人团团圆圆，和睦幸福，人们也以此怀念离别的亲人，寄托了对未来生活的美好愿望。回家后，我们也为自己的家人亲手包一包汤圆吧！

板书设计

包汤圆

做　　　想　　　　　感受

比喻
拟人 } 生动形象、活泼有趣

环游“拼音王国”

唐玲玲

教材分析

本课时教学内容不仅局限于教材十二单元的拼音复习，而是根据学生在学习拼音的一个月里出现的种种困惑，确定了课时重点、难点及实现突破的各种情景创设、游戏过关。本课的设计不仅要对前面学过的声母、韵母和整体认读音节进行全面复习，还要进行各种形式的比赛、游戏、合作……在一次次的活动中形成实践运用能力，深化看拼音识字方法，体验汉语拼音的工具性，增加运用拼音知识的体验，同时培养学生动口、动脑以及相互合作的能力。

学情分析

学生初步完成全部拼音单元的学习，一方面，对拼音知识兴趣十足；另一方面，又存在拼读困难或拼写混淆的问题，需要对一些知识点不着痕迹地进行“解析”，需要以“巧”来助其进一步感知拼读、拼写中的规律，最终实现运用拼音识字、阅读的目标。

教学目标

1. 对已学拼音知识进行分版块复习，在游戏和情境创设中进一步强化对声母、韵母、整体认读音节的认知和区分。

2. 借助多种形式的游戏，突破前后鼻音、平翘舌音、边鼻音的易混淆困难。

3. 创设情境，联系生活实际，进行拼读运用实践。

4. 借助游戏突破 ü 在和 j q x 拼写拼读时去点的整体认读音节 yi wu yu 书写及拼读时的难点。

5. 通过全面复习，进一步激发学拼音、用拼音的兴趣，培养自主识字能力。

教学重点

1. 借助游戏和情境创设，强化对声母、韵母、整体认读音节的认知和区分。

2. 突破前后鼻音、平翘舌音、边鼻音易混淆的难点。

3. 借助游戏突破 ü 在和 j q x 拼写拼读时去点整体认读音节 yi wu yu 书写及拼读时的难点。

教学过程

一、导入

1. 孩子们，知道咱们中国有多少汉字吗？光是常用的就有两万多个呢！这里面还有好多字就连爸爸妈妈和老师都不认识呢！可是，只要咱们掌握了这个法宝——（PPT 出示：拼音）就能靠自己的力量认识更多的字啦！（PPT 出示：字与拼音）

2. 那么今天就和唐老师一起，再次环游“拼音王国”吧！（PPT 出示：拼音王国图片）

3. 拼音王国里的字母公民，分成了两大家族，它们是——“韵母”和“声母”。（生齐读）（PPT 出示：韵母、声母家族图片）走，咱们就先去拜访“韵母家族”吧！

二、韵母复习

1. 咦，迎面走来 6 个拼音娃娃，谁能喊出它们的名字？（PPT 出示：ɑ o e i u ü）

（1）指名 6 人，一人喊一个。

它们 6 个，都是一个字母单独构成的，所以有个共同的名字叫——“单韵母”。

（2）单韵母喜欢别人喊它时声音又长又响，咱们再来试一试。

2. 单韵母最喜欢交朋友了，常常找伙伴牵手，变成一个个表演组合，看——

（1）ɑ 牵上小 i 的手，变成了——ɑi。

ɑ 在前面当主演，发音长又响；i 跟在后边当配角，发音轻又短。再读——ɑi 。

（2）你们还能喊出其他几个表演组合的名字吗？先读给同桌听一听。

指名领读 ai ei ui ao ou iu ie üe er。

（3）最后一个真特殊，需要舌头来帮助——卷起舌头 er er er。（er 是特殊复韵母，卷舌音）

这几个组合也属于韵母家族，它们都有伙伴不再孤单，所以就叫——“复韵母”。

3. 复韵母们想为大家演唱一首歌，谁能拼出歌名：（PPT 出示：《我 ai mei li 的大 cao 原》）。

（1）指名 4 人拼读，打出汉字，表扬拼对了的学生。

想象：闭上眼睛，这样的画面浮现在你的脑海：蓝天白云之下，是那绿油油、一望无际的大草原。草原上，成群的牛羊在悠闲地散步、吃草呢。这么美丽的景色，这个歌名该怎么读呢？

（2）追问导读：我爱什么？我爱怎样的大草原？

4. 唱完歌，回到家，韵母妈妈做了好吃哒：咦，有些什么好菜呢？

（1）PPT 出示：鸡 tuǐ（腿），dòu（豆）子，huí guō ròu（回锅肉），自由拼读、指名拼读。

师：哇，色香味俱全，真是看得我们忍不住要——口水直“liú 流”呀！（拼读“liú 流”）。

（2）过渡：这些菜名都拼对了，老师要竖起拇指夸大家——（PPT 出示：能干）女生拼“能”，男生拼“干”。

师：男生女生合作学习，大家真——“能干！”

（3）其实，里面的 eng an 也是复韵母，它们还叫来了自己的兄弟姐妹呢。

游戏：送前鼻音、后鼻音回到正确的房间：每个人一次可以送两个复韵母回家。

①仔细看，住在第一个房间的前鼻音……住在第二个房间的后鼻音……你们发现了什么？（“n”“ng”）

口诀：n 在这里不读 n，前鼻发音 n n n。

请大家读好这 5 个前鼻音。（生齐读）

口诀：n 和 g，后鼻发音不放松，ng ng ng。

把手放在鼻子上，跟老师一起读。（分大组读）

②抽查：点学号读。

师：这么厉害呀！前鼻音和后鼻音要送 5 个字给大家！（PPT 出示：拼读“你们太棒了！”）

（4）过渡：聪明的孩子一定发现了，要拼出汉字的读音，不仅需要韵母，还离不开这些蓝色的字母的帮助，它们就是——声母。那咱们再去声母家族逛一逛吧！

三、声母复习

要想敲开声母家族的大门，得先完成拼音国王交给大家的任务。

1. 第一关：区分 b d p q。

（1）（PPT 出示：第一关）声母家族里有四兄弟，长得很像，亲戚朋友总分不清谁是谁。请你帮大家认清楚。（指名读，强调：声母性格活泼，喜欢大家读得轻又短，像小皮球一样有弹性）

（2）打乱顺序你还能分得清吗？（指名读）

（3）这样也能分清，了不起！我知道，大家有一个区分四兄弟的秘密武器——来，竖起两个大拇指和老师一起做“拇指操”。我说一句你们也跟着说一句好吗？

左手 b，右手 d，左拇指朝下 p p p；

右拇指朝下 q q q，动手动口牢牢记。

孩子们，以后记不清时，做一做拇指操就搞定啦！

2. 第二关：j q x 和 ü 拼读。

（1）（PPT 出示：第二关）请帮助 j q x 照顾好戴着小圆点帽子的韵母小弟 ü。

创设情境：——

j 见到小 ü 急忙送给它一个水果——桔 jú 子。（指名读）

q 也打开录音机，为它播放好听的——歌曲 qǔ。（指名读）

x 端出一盘糖果请小 ü 吃，数一数，1、2、3、4……哇，糖还真不少呢！——许 xǔ 多（齐读）

（2）咦，你发现了什么，小 ü 拜访 j q x 时发生了什么变化？

对呀，（这可不是“u”，而是……）那是小 ü 为了感谢热情好客的 j q x，脱掉了帽子敬礼呢！老师又有了一首儿歌，拍起手来跟老师念——小 ü 小 ü 有礼貌，见到 j q x，脱帽点去掉。

3. 第三关：摘苹果。

（1）告别 j q x，来到果园里。

边画板画边讲述：在一棵高大的果树上，结满了又大又红的——苹果；树下还有两个箩筐，一个用来装——平舌音，另一个用来装——翘舌音。

你们的第三个任务就是帮声母妈妈“摘苹果”。

老师要请 7 个机灵的孩子来摘，不过摘到苹果先要保密，可不能让别人看到苹果背面是什么哟！

(2) 游戏：摘到“翘舌音”的上前一步，苹果翻过来，对了吗？

台下喊：xxx 在哪里？

台上答：xxx 在这里！

全班：请你放到篮子里——（学生贴苹果）

摘到“平舌音”的把苹果翻过来，对了吗？一起读一读，大家读一个，你们贴一个。

(3) 哇，你们出色地完成了三个任务，所有的声母都跑出来为你们祝贺呢！能喊出它们的名字吗？（PPT 出示：全部声母）

分组读前三排；后两排指名读，学号里有“1”的、“2”的、“3”的；y w 全班齐读。

(4) 过渡：大家的平舌音和翘舌音读得真标准！可是——当它们遇到了小 i，又该怎么读呢？

四、整体认读音节复习

1.（PPT 出示：整体认读 zhi—si）

(1) 指名读，提醒整个一起读，不用拼。像这样整个直接读的音节就叫——整体认读音节。

不过，为了和活泼轻快的声母区别开，读音拉长一点就可以了。再齐读。

(2) 过渡：这两排也是整体认读音节，能认出来吗？

2.（PPT 出示：yi wu yu）

指名读，读一个送一句口诀——

大 y 和小 i，母女一起买新衣。

大 w 和小 u，父子合作盖木屋。

小 ü 找不到爸和妈，急得眼泪哗哗哗，大 y 阿姨来啦！——大 y 阿姨帮小 ü，擦掉“眼泪”还读 yu。

3. 最后还剩下 6 个整体认读音节，唐老师把它们放到了故事里，请大家伴着音乐，开始享受拼读的乐趣吧！

(1) 学生自由拼读故事。

(2) 故事里的整体认读音节会读了吗？

第一个是“夜”，组成词语“夜晚”。多么宁静，再读。

第二个是“圆”，月亮的形状是——“圆圆的”，读词语。

第三个是光芒皎洁的——“月儿”，喜欢月儿的孩子，再读。

第四个是“云”，一朵朵，那样柔软，读词语“云朵”。

第五个出现的是夜间捕鼠能手——“猫头鹰”，男生读。

最后一个是猫头鹰独特的歌声，女孩子，轻轻地读一读——“声音”。

(3) 愿意和老师一起，把这些整体认读放进故事再读一读吗?

yèwǎn　　yuán　　yuè　guà　　　　　　yīng
夜晚到来，圆圆的月儿挂在了云朵上。猫头鹰在树林里发出
gūgū　　　　yīn
了咕咕、咕咕的声音。

五、总结

伴随着优美的歌曲，我们就要结束今天的拼音王国之旅了。回想一下，咱们碰上了热情的韵母、活泼的声母，还有团结友爱的整体认读音节（PPT 出示：教材 65 页全部拼音表）。相信只要大家记牢它们，用好它们，就能成为一个识字、读书的小能手!

板书设计

环游“拼音王国”

韵母家族——单韵母 a o e i u ü
　　　　　　复韵母 ai　ei　ui　ao　ou　iu　ie　üe　er
　　　　　　　　　　an　en　in　unün　ang　eng　ing　ong
声母家族——b　d　p　q
　　　　　　j　q　x—ü
整体认读——zhi zi　chi ci　shi si　ri
　　　　　　yi　wu　yu
　　　　　　……　……

赏析对联　品味经典

胡　滔

教材分析

教学北师大版第九册“韵味”单元的语文天地，碰到了对对子练习。对子又称对联，是中国文化艺术中的瑰宝。其实从孩子们进入小学开始，就与它有了不解之缘。小学低段的对韵歌、中段的对联、高段的对对子，这些以内容归类的对联，散见于北师版教材的三个学段，这其实是对传统文化的一种默默渗透。因为它讲究形式整齐、节奏一致、音韵和谐，所以是识字学词、学习词性和句法，吸收民族文化很好的载体，也有利于语言和审美的熏陶。然而教材没有就对联这一内容开展专题学习，学生从渗透性学习中得来的只是对于它的碎片化了解。“核心素养”中提到人文底蕴和审美情趣，这恰恰是对联能给予学生的，加上互联网这个资料库可以给学生提供较为丰富的相关知识。捕捉到这一点后，我们设想将互联网和对联这两个元素进行跨越时空的结合，用新的方式学习经典文化，品味文化之韵、之美。

学情分析

手机、计算机、平板电脑等，这些现代化的智能电子设备，早已进入了孩子们的生活。五年级的学生能熟练地使用这些设备听歌曲、看视频、查资料等。学习“韵味”单元的“语文天地”时，孩子们凭借自己的语感和已有的知识积累，能对出对子来，也非常感兴趣。但有限的书本知识，有限的课堂学习时间和空间，不能满足他们的学习需求。这样的情况下，需要老师引导他们将自己学习的触角伸向广阔的课外天地，通过上网等自主学习、合作探究，奠定进一步学习的基础。课堂上老师只需要将学习的主动权交给学生，在他们可能不太清楚的平仄相对（平仄是古代汉语的声调名称，学生未接触过，对此非常陌生）上，借助微课加以讲解，最终达成共识，从而掌握对联 4 个最显著的特征。并组织学生运用平板电脑完成有关对联的知识习题，并就评测功能反馈出来的问题组织他们加以讨论、解决，达成学习的目标。

教学目标

1. 了解对联的4个特点。
2. 能判断什么是对联，能分辨对联的上下联。
3. 欣赏对联这种特殊文学样式的美。
4. 尝试着进行对联创作。

教学重点

1. 了解对联的4个特点。
2. 能判断什么是对联，能分辨对联的上下联。

教学难点

尝试进行对联创作。

教学过程

一、激趣引入

前段时间，大队部给大家发了一个“2016年全国未成年人网络春晚征集公告”的信息，这个信息告诉我们随着互联网的普及，原来面对面的选拔，现在在网络上就可以完成了。春晚是最近二十年兴起的一种春节娱乐方式，那过春节时，还有哪些传统的习俗呢？指名讲，师小结：挂年画、放鞭炮、蒸年糕、吃汤圆、拜新年，这些都是过春节的传统活动。大家学过的一首诗也说到了中国人过春节的传统活动。（学生背《元日》），诗当中说到了哪些春节的传统习俗呢？诗歌最后一句“新桃换旧符”逐渐演变成了我们熟知的贴春联。贴春联是一种特别有文化味儿的活动，春联的字里行间寄寓着人们对新一年的美好期望。春联是对联中的一种形式，“韵味”单元，请大家对了对子，课前也请大家在网络上学习了关于对联的知识，四人小组一起完成了学习单元，我们一起来看看大家的学习成果吧。

二、检查自学情况（视学生汇报情况进行相应的练习）

1. 分大组读三副对联。
2. 交流学习所得。

（1）上联和下联字数相等。（板书：字数相等）

（2）上联和下联的词语是相对应的。名词对名词、动词对动词、形容词对形容词。（相机板书：词性相同）

（3）上联和下联的意思是相关的。（板书：内容相关）

（4）一声和二声叫平声，三声和四声叫仄声，（板书：平仄相对）上联的最末通常是仄生字，下联的最末通常是平声字，这样读起来抑扬顿挫、朗朗上口。

练习巩固：请大家用平仄相对这个特点来区分上下联。（平板电脑上完成答题）请写出下列对联哪一句是上联，哪一句是下联。

①同心同德，共绘四化宏图（　　）各行各业，齐跨长征骏马（　　）。

②虚心竹有低头叶（　　）傲骨梅无仰面花（　　）。

③龙井茶多奇味（　　）武夷茶发异香（　　）。

④画亦精，字亦精，精益求精（　　）活到老，学到老，老不服老（　　）。

交流汇报。（互联网技术投影学生完成的作业，请生来讲解自己答题的缘由）

小结：通过刚才的学习，我们知道了对联的特点，那就是（指板书，学生读）。接下来你能接受挑战吗？（平板电脑上答题）

酿成春夏秋冬酒	蚕为天下虫
鸿是江边鸟	竹篮提笋，母怀儿
稻草扎秧，父抱子	醉倒东西南北人
人生只论时分秒	历史才分日月年

交流汇报。（互联网技术投影学生完成的作业，请生来讲解自己答题的缘由）

4. 在我们积累的古诗75首中藏着许多这样的对联呢，你们看看下列哪些诗句是呢？（　　）（多选）

A：春蚕到死丝方尽，蜡炬成灰泪始干。

B：所向无空阔，真堪托死生。

C：远看山有色，近听水无声。

D：溪水无情似有情，入山三日得同行。

E：两个黄鹂鸣翠柳，一行白鹭上青天。

交流汇报。（互联网展示学生作业，学生讲解自己答题的缘由）

5. 不错，看来大家已经了解了对联的4个特点，关于对联的知识还有好多呢，你还知道哪些，来跟大家说一说。

（1）对联的称呼：楹联、门联、对子等。

（2）对联的种类：喜联、挽联、贺联等。

老师还知道，对联根据字数还可以分为长联和短联。老师见过最短的对联上下两联一共只有两个字，上联一个字，下联一个字。而最长的一副对联上下两联加起来有好几百字呢。（PPT 演示相应对联）我们欣赏了用词特别讲究、音韵特别和谐的对联，其实对联说白了就是对对子。我们也来对一对。

天（　　）　　雨（　　）

落日（　　）　　红花（　　）

三头犬（　　）　　八宝粥（　　）

相传有一位秀才游览桂林斗鸡山，远看斗鸡山就像一只雄鸡昂首挺胸，于是写下了斗鸡山上山鸡斗，可是没人能对得了下联。后来有游客来桂林旅游，听到这个传说，想到自己刚刚才看到了龙隐洞，就帮他对一对下联。后来他经过了一个叫飞马河的小村子，又对出了一个下联。

这样的故事有趣吧，其实在浩如烟海的对联王国里，还有好多吸引人的故事呢，孩子们课后可以再通过互联网了解。老师通过上网就搜索到了关于成都望江楼的一个绝对：传说古代一进京赶考的举子路过成都，慕名去望江楼，在崇丽阁上触景生情写下了上联（PPT 出示）：望江楼，望江流，望江楼上望江流，江楼千古，江流千古。不料写下上联后，他抓耳挠腮搜肠刮肚再也写不出下联。孩子们可以试试帮着对对下联，你也可以把它上传到网上请大家来评一评，看看你对得怎么样。其实在我们学校门口也有一副对联，你看到过吗？2010 年，学校通过报纸、网络发出了学校校训的上联：乐学乐教悦人悦己悦天下，向社会广泛征集下联。历时几个月，从应征的 600 多条下联里选出了这样的一条：善思善行知书知礼知古今和上联组成了我们学校的校训：乐学乐教悦人悦己悦天下，善思善行知书知礼知古今。

四、拓展延伸

通过今天的学习，我们了解了对联的特点，这是古人为我们留下的宝贵文学财富。春节时，人们往往会用对联的好搭档——书法来将对联呈现在大家面前，带给大家新年的祝愿。不论是清秀隽永的楷书，还是豪迈奔放的行书，都将对联的美展现得淋漓尽致。过年时，如果你能像陈老师那样写上一副对联送给亲朋好友，那么你送去的就不是一个平常的新年礼物，你送去的是一份文化，是一种经典。也能让他们收到礼物时，欣赏一种经典，欣赏一种文化。

板书设计

赏析对联　　品味经典

字数相等

词性相同

内容相关

平仄相对

阅读大地的徐霞客

钟 影

教材分析

《阅读大地的徐霞客》是北师大版语文五年级下册第十单元“我们去旅行”中的精读课文。课文记叙了明末奇人徐霞客为了考察祖国山川地貌，不畏艰险，徒步走遍大半个中国，并记录下考察见闻形成不朽杰作——《徐霞客游记》，歌颂了徐霞客卓尔不群、锲而不舍、求真求实的科学研究精神，赞扬了他为祖国的地理事业奉献一生的功绩。文章语言简洁、质朴，全文紧扣一个“奇”字，写出了徐霞客这位“奇人”卓尔不群的一生。

学情分析

学生在三、四年级已具备一定的理解能力，概括能力，五年级应继续在高阶思维的培养方面下功夫，提升学生的分析、综合、评价能力。课堂上，教师要给予学生充分的时间进行自主探究，让学生真正学有所获。

教学目标

了解什么叫背景文字，并能找出文章中的背景文字，初步体会它们的作用。

教学重点

初步了解背景文字的概念，感受其在文章中的作用。

教学难点

通过多种方式，感受背景文字在文章中的作用。

教学过程

一、引入

回顾“奇人”及“奇书”具体表现的几个方面，引入学习。

二、学习背景文字

1. 发现背景文字。

(1) 出示学习要求：

自主学习：找出文中既没有写徐霞客这个奇人，也没有写他的奇书的文字，用“______”勾画下来。

(2) 自主学习。

(3) 交流汇报：订正答案，形成共识。

2. 了解什么是背景文字。

没有直接写这个人物，而是交代社会风气和社会条件的文字就叫作背景文字。

3. 初步体会背景文字的作用。

(1) 出示学习要求，自主学习，做好批注。

①读一读文中 2 自然段背景文字和 2 自然段其他文字，想想它们之间的关系和作用；

②读一读 4 自然段的背景文字，再分别联系 3、5、6 自然段，想想它们彼此之间的关系和作用，做好旁批。

(2) 自主学习。

(3) 四人小组讨论。

(4) 交流汇报：

①第二自然段。

在个体汇报的基础上，引导学生对比背景文字有与无的效果，感悟背景文字的作用。

②第四自然段。

在小组汇报、生生互动的基础上，引导学生联系上文 3 自然段及下文 5、6、7 自然段，体会第 4 自然段背景文字起到的作用。

三、总结

1. 感受背景文字的力量。

作者用这两段篇幅不长的背景文字反衬出徐霞客的志向奇，照应了徐霞客的经历奇，更凸显了徐霞客的精神奇，也更体会到《徐霞客游记》来之不易！作为读者，触摸这些背景文字，心中更是涌动着对徐霞客的敬仰之情！这就是背景文字的力量！

2. 激发课外阅读的兴趣。

今后在阅读文本尤其是阅读人物传记时，我们要多多关注背景文字，这既可以加深我们对人物的理解，也可以滋养我们的习作，使我们笔下的人物形象更加丰满和鲜活。

板书设计

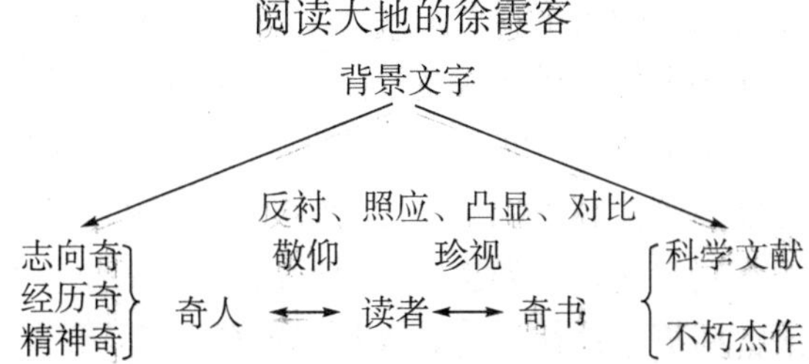

小树的四季

罗 秀

教材分析

《小树的四季》是美国金风筝奖获得者——罗隆·伦的作品。这是一本关于自然的生命教育绘本，叙述了一段深刻而又隽永的成长故事。树林里有一棵小树，他很喜欢自己的生活和身上美丽的叶子，那些叶子让他在炎热漫长的夏日保持清凉。他觉得这样的生活很好。秋天到了，冷风吹得小树的叶子簌簌作响。其他的树，一棵接一棵，叶子纷纷落下，正面迎向寒冬。只有小树例外，他紧紧抓着自己的叶子不放。一年一年过去了，小树没有改变。他的叶子虽然枯萎，但仍然没有落下。他担心自己如果没有叶子，不知道会怎么样？有一天，小树再也感受不到阳光，他做出了改变的决定，奇妙的事情发生了……清新简洁的画风将四季的更替徐徐展开，大幅画面留白给人无限想象空间。该绘本透过自然现象的呈现，向孩子传递浓浓的生命哲学，渗透了正确认识世界，勇于放手，敢于成长的道理。

学情分析

小学二年级的学生识字量较少，阅读能力还较弱，适当地提前渗透一些阅读方法，对阅读书籍很有必要。加之，小学低段孩子的语言表达能力有限，尤其是书面表达。但是，这个年龄阶段的孩子运用线条、图形、色块来表达事物、心情、感受的能力却极富创造的潜力。因此，“读、写、绘”一体化的教学策略，能有效激发低年级学生的表达热情，使他们可以运用已经拥有的能力去表达。阅读绘本及创编故事，进行“听、说、读、编”的基本训练，有利于提高低段学生的表达能力，发展思维。

教学目标

1. 了解《小树的四季》的基本内容，在阅读中拓展识字，在看图、说话练习中，提升观察能力、表达能力，丰富想象力。

2. 在赏读中，学习阅读绘本的基本方法——图文结合、仔细观察、反复阅读、展开想象。

3. 通过朗读和欣赏画面，激发学生阅读兴趣，让孩子产生阅读期待；感受小树真正改变的成长之路，懂得通过周围环境正确认识世界，勇于放手，敢于成长的道理。

教学重点

运用以图带读、联想续编等策略，提升学生语言表达能力，丰富学生想象力。

教学难点

在教学中运用探究策略，通过自读自悟、小组合作、全班共议，引导学生联系生活实际，感受绘本的内涵。

教学过程

一、看封面，猜内容

1. 谈话引出绘本，解题。
2. 引导学生观察图书，认识封面、封底、书脊。
3. 由绘本封面切入，引导学生猜故事。

二、初读文，知大意

1. 引导学生浏览绘本，知晓大意。
2. 巡视学生阅读情况，个别指导。
3. 根据学生的分享，梳理初步阅读后的收获。

三、赏图文，细品味

1. 引导学生在情境中初步感知拟声词“簌簌”，发挥想象，读出画面感。
2. 联系生活实际，理解“犹豫”，体会小树的心情。
3. 学习鸭子和狐狸的语言，指导学生角色扮演，进行朗读训练。
4. 学生以四人小组为单位进行看图说话练习：小树落叶，奇妙的事情发生了……

5. 小结提升，明确方法：赏图文，细品味。

四、总结方法，拓展视野

1. 学生结合板书，回顾阅读整本绘本的方法。
2. 展示学生作品，拓展阅读视野。

板书设计

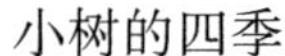

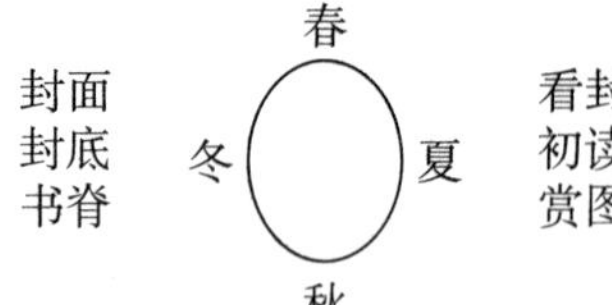

看封面　猜内容
初读文　知大意
赏图文　细品味

小篮球　大梦想

——语文+体育学科融合课

吴让洁　罗海模

教材分析

北师大版小学语文第 7 册教材 11 单元主题为“大与小”，单元内编排了《“扫一室”与“扫天下”》《井底之蛙》《“三颗纽扣”的房子》三篇文体迥异的主体课文，深入浅出地说明了“大”与“小”的内涵与外延及之间的联系，学生已初步了解“大与小”是相对的，也是互换的，且大是由很多小奠基。本单元选文源自不同文体、不同时代、不同文化背景，如何借助于单元主题创设的学习平台，帮助学生进一步加深“大与小”辩证关系的认识和感知，同时也兼顾“语文与室内体育跨界融合”的课型，决定以篮球为起点，以中国篮球之星姚明成长之路为主线，以梦想为聚焦点，进行融合教学尝试。引导学生在文本中感悟人物成长经历，进一步感受“大与小”的深刻内涵，渗透写人记事的方法，更好地激发和调动学生对篮球运动的兴趣。

学情分析

从语文学科的角度看，学生在学习了“大与小”单元的三篇主体课文后，对事物的“大”和“小”有了较为直观的认识，并能将之关联，感受其相对性。但对于“大”与“小”的辩证关系需要进一步认识，从课内走向课外，从文本走向生活，结合生活实例进行具体感受，对学生的认知有重要的推动作用。

从体育学科的视角看，篮球运动是学校的特色课程，是学生喜欢的运动项目。四年级全体学生均参与了篮球操训练，对篮球运动有切身体验。

教学目标

1. 联系学生已有经验，激发对篮球运动的兴趣，感受体育精神，树立坚持不懈追逐梦想的信心。

2. 阅读文本，感悟人物成长经历，进一步感受“大与小”的深刻内涵，感知写人记事方法。

教学重点

阅读文本，感悟人物成长经历，进一步感受“大与小”的深刻内涵，感知写人记事方法。

教学难点

联系学生已有经验，激发对篮球运动的兴趣，感受体育精神，树立坚持不懈追逐梦想的信心。

教学过程

一、谈话激兴趣

1. （板书：篮球）你们喜欢打篮球吗？带着喜欢的心情读一读。篮球运动是一项激烈而刺激的运动，带着力量再读。

2. 我知道，好多人喜欢着喜欢着篮球，就变成了篮球迷，还有一些人，打着打着篮球，技术达到一定水平，就会梦想着（板书：梦想）进入篮球最高殿堂，篮球的最高殿堂是什么？大家知道吗？要进入 NBA 打球，非常不容易，要在 NBA 赛场上创造辉煌，更是难上加难。

3. 我们中国有一位球员，就在 NBA 里战绩显赫，他就是——姚明。（PPT 出示：姚明图）告诉你们，我们罗海模老师就是他的超级粉丝！掌声有请这位“姚迷”来和我们聊一聊姚明。

4. 罗老师和学生聊姚明。

5. 罗老师带学生投篮。

二、阅读促感受

1. 罗老师为大家准备了一篇《姚明的成长之路》的文章，让我们一起透过文字走近姚明。

2. 说到姚明，读过一句“姚式语录”，分享给大家。（PPT 出示：姚明语录）齐读。他是这样说的，又是怎样做的呢？让我们一起走进他和他的故事。（PPT 出示：阅读提示）

3. 巡视指导，相机提示。

4. 哪个组来和大家分享你们组的感受？（板书：迎难而上 坚持不懈 坦然平和）

5. 相机体验、感受深蹲。罗老师给大家示范。（边示范边简要讲清要领，全班体验。）

实在坚持不了的同学可以回到座位休息，想要坚持到最后的同学可以和姚明比一比，看看自己能坚持多久。

这是他没有伤病时的练习，受伤时，他又是这样练的（PPT 出示：播放受伤练习视频及相关句式）

就是这样拼命练习，换来了姚明场上的完美表现，从此，没人再敢小看他。就像他的“姚式语录”一样（PPT 出示：姚明语录）姚明用行动赢得了前辈、队友、对手的尊重。

6.（板书：小）小小的篮球，带着姚明在 NBA 赛场上一路奔跑。我们透过文字，读到了姚明的三件事（板书：多事），认识了姚明这个人（板书：一人），也感受到了姚明具有的各种优秀品质（板书：多特点），以后我们在写人的时候用上这样的方法，会把人写得更鲜活、更灵动，留给读者深刻的印象。

7. 正值辉煌之年，姚明为什么选择退役？我们还是请“姚迷”罗老师来为大家揭秘。

8. 罗老师和小朋友聊姚明的伤病。（PPT 出示：困扰及伤病图）讲解姚明伤病导致姚明退役。

9. 姚明虽然从赛场上离开了，但是，他并没有离开篮球。我们来看一份资料。（PPT 出示：姚明的公益事业）

三、迁移蕴感情

1. 这些是姚明离开篮球赛场后做的一些事，你从中有什么发现？姚明个人的篮球赛场之梦结束了，但他却用自己的方式帮助更多的人实现自己的篮球梦（板书：大），我们就是其中的受益人。

2. 罗老师和小朋友分享“四川省小篮球联赛亚军之路”。

3. 罗老师采访校篮球队员。

4. 这是杨宇鑫的篮球梦，你的梦想是什么呢？

5. 总结：我们每个人都有自己的梦想，带着梦想，迎难而上、坚持不懈、坦然平和，就能像姚明那样，让梦想开花。

板书设计

小篮球 ↘ 　　　　大梦想 ↗

姚明	从小学篮球 二进国家队 叱咤NBA	迎难而上 坚持不懈 平和坦然	一人多事多特点

我的情绪小怪兽

——语文+美术学科融合课

周　勤　李玲莉

教材分析

统编教材双线组文，指向学生语文核心素养的培养，重视从课内阅读向课外阅读延伸。一年级，作为小学低段的起始年级，就担负起了儿童阅读启蒙这一重要使命。一年级下册八单元语文园地第三题“字词句运用”，4 个词语都指向情绪。而现在学生很难管好自己的情绪，怎么借助教材实现学科育人，引导学生初步学会表达情绪、管理情绪，是这堂课设计的一个重点。这节课，引入绘本《我的情绪小怪兽》，通过读故事、说心情、画心情等活动，渗透恰当表达情绪的方法，提升学生的语文核心素养。

学情分析

从语文要素的角度看，一年级学生处于学词学句的起始阶段，要培养学生在生活中积累词句、用词句表达生活感受的能力。从人文主题的角度看，一年级学生在情绪的认识和管理上面也处于启蒙阶段，需要我们通过生动鲜活的方式来引导孩子学习表达情绪、管理情绪。这二者通过教材与绘本的整合、语文与美术的整合，能达到很好的效果。

教学目标

语文：

1. 认读书中表示心情的词语，能结合自己的感受进行多种形式的朗读。

2. 阅读绘本《我的情绪小怪兽》，在故事中观察图画细节和色彩，通过词句的阅读、理解绘本中小怪兽的心情。联系自己的生活，愿意表达和分享自己的情绪，并能用一到两句话写下来。

3. 通过阅读，明白可以用不同的颜色表达不同的心情，对情绪的感情色彩进行比较合理的联想。

4. 明白高兴、伤心、生气、害怕等情绪都是正常的，初步建立进行情绪管理的意识。

美术：

1. 学习用不同的色彩表达不同的情绪。

2. 能根据人物情绪的不同给人物添加表情。

教学重点

阅读绘本《我的情绪小怪兽》，在故事中观察图画细节和色彩，通过对词句的阅读、理解绘本中小怪兽的心情，联系自己的生活，愿意表达和分享自己的情绪，并能用一到两句话写下来，学习用不同的色彩表达不同的情绪。

教学难点

学习用不同的色彩表达不同的情绪。

教学过程

一、照相激趣，图片感知情绪

1. 照相游戏。

师：孩子们，我们来玩个四连拍的照相游戏，我当摄影师，我说，你们摆pose。

师：准备好了吗？

生：做表情（伤心、恐惧、愤怒、高兴）

2. 心情连线。

师：语文书中有个可爱的小姑娘，她也玩了四连拍，我们来看看。（PPT出示：4 张照片）

师：4 张照片就是四种不同的心情，第一张照片是哪种心情呢？为什么？

生：快乐、高兴、开心

师：你什么时候会像她那么开心？你可以换个词儿吗？

师：第二张照片是哪种心情呢？

生：害怕、恐惧

师：她可能看到了什么可怕的东西呢，我们小声读、轻轻读、瞪大眼睛。

师：这些词语就藏在语文书八单元语文园地里。

二、阅读绘本，语言理解情绪

1. 故事引入。

师：这个小姑娘，把各种各样的心情写进了一本书里，书名叫作——

生齐读书名。

师：昨天，孩子们已经读了这本书了，喜欢吗？

师：发现了吗？这个小姑娘的心里呀，其实住着一个？

生：情绪小怪兽。

师：快看，这就是——

生：情绪小怪兽。

师：（PPT 出示：绘本图一）他今天起床以后，也不知道为什么，感觉心里——

生：怪怪的。

师：心情——

生：乱乱的。

师：大家看，小怪兽浑身的色彩乱七八糟，红一道，绿一道，蓝一道，这心情能不乱吗？它都是把哪些情绪混在一起了呢？

师：（PPT 出示：绘本图三）“你把不同的情绪——快乐的、伤心的、生气的……全都混在一起了。”

生：——快乐、生气、伤心、害怕、平静。

师：（PPT 出示：绘本图二）哎呀，又弄得一团乱啦？你得学会——

生：怎么整理才行。

师：你要把它们一个一个整理好，放进不同的罐子里。

生：我可以帮你一起整理噢。

师小结：小朋友们真热心！

2. 分享心情。

快乐。

师：（PPT 出示：快乐图一）“快乐，就像太阳一样明亮，和星星一样闪耀，很容易感染身边的人。”

师：帮助别人可是件快乐的事！快乐——

生：“就像太阳一样明亮，和星星一样闪耀（yào），很容易感染（gǎn rǎn）身边的人。”

师：（PPT 出示：快乐图二）看看图画，小怪兽和谁分享快乐了？会说什么？

师：快乐就像金色的阳光，阳光的背后会有阴影，难免会有伤心的时候。（配音“伤心，像湿答答的下雨天，让人变得无精打采。”）

师：可怜的小怪兽，一个人待在伤心的蓝色海洋里，你也有这么伤心的时候吗？

生：读。

师：小怪兽伤心的时候，只想一个人，什么事儿也不想做。你有什么好办法赶走伤心吗？

师：老师有一个好办法，让我们和同桌击个掌，给他一个爱的鼓励。

生：击掌。

师小结：分享快乐，快乐加倍；分享伤心，伤心减半。

师：情绪就像天气，说变就变。（PPT 出示：生气图）

师：这满图大片大片的都是什么？

生：小怪兽的怒火。

师：小怪兽脸是红的，身体是红的，这满图的红色，就像熊熊燃烧的——“火焰”。

生：读词“火焰”。

师：这两个字里都有——

生：火。

师：这把火烧起来有什么后果？

生：自由表达。

师：冲动是魔鬼啊，伤害别人，也伤害自己，所以，小怪兽觉得——

生：生气像一把熊熊的火焰。

师：你还觉得生气像什么？为什么？——提示：子弹、狮子、炸药、鞭炮、刀子、闪电。

生：自由表达。

师：回头再看看小怪兽，这时候它什么样？

生：张大嘴巴、瞪大眼睛。

师：（PPT 出示：“大吼大叫”）吼和叫都有口字旁。人生气时，一定会想发泄。你生气时，会吼什么？叫什么？

生：自由表达。

师：太可怕了！我们来读读这首小诗，或许会有帮助。（PPT 出示《深呼吸》）

生：齐读“太生气，太生气！肚子鼓，头发立！握紧拳，心里急！火太大，先冷静！深呼吸，深呼吸，深呼吸……”

师：好点儿了吗？冷静下来，想想还有没有更好的选择呢？

师：周老师送给大家一个“愤怒选择轮”。（PPT 出示：愤怒选择轮）

师：相信大家一定能把生气这只小怪兽控制好。

师：小怪兽也有害怕的时候，它总是待在黑漆漆(qī qī)的地方，不敢出来。觉得自己——

生：变得好小、好没用，什么事都做不到。

师：最让它舒服的是。（PPT 出示：图及句子）

生：像植物一样安安静静的，风来的时候，叶子轻轻摇摆。

师：平静时，呼吸慢慢地，轻松、自在地，我们再读一遍。

3. 小结故事。

师：孩子们，这些心情小怪兽，我们大家都有。每一种情绪都可以用不同的颜色来表达。看，美术李老师给我们送来了好多好多颜色，和她打个招呼吧。

三、结合绘画，色彩表达情绪

1. 分析颜色，拓展视野。

师：孩子们好，刚才我们读绘本，小怪兽用不同的颜色表达了不同的情绪。考考大家，快乐是用什么颜色表达的？

生：黄色。

师：为什么小怪兽用黄色表现快乐呢？

师：如果是你，除了黄色，你会用什么颜色表达快乐？

生自主表达。

师小结：我们可以用不同的颜色来表达心情，再考考大家，想用什么颜色表达什么心情？

2. 涂抹底色，挥洒心情。

师：（随机请一学生示范）我们也来挥洒我们的心情，用餐巾纸这样一揉，就做成了我们的情绪彩笔，再用三个指头捏着取色，用纸杯接着取好的颜色，回到座位上涂色。涂好后，李老师会把小怪兽的镂空相片纸送给大家，用胶棒贴上去。

生：在作品纸上绘制。

师巡视提示：有小朋友加上了表情，更生动哦！师提示表情的画法。

四、图配文字，表达心情

1. 真漂亮，我看到了各种颜色各种情绪的小怪兽，还缺点儿什么呢？

生：加文字。

师：孩子们可以学着绘本里的语言，也可以用自己的话写一写你的心情故事。开始创作吧！

2. 师巡视观察，红笔修改，选择不同的作品上台展示。

3. 交流分享，生生互动：你们喜欢我的作品吗？有什么建议吗？

五、总结成书，整理情绪

1. 师：你们看，黑板上都是我们的作品，如果再加上封面，这就是我们自己创作的绘本——

生：我的情绪小怪兽。

师：喜怒哀乐，各种不同的情绪丰富了我们的心灵。可能，你的心里也住着一个情绪小怪兽，之前，小怪兽的心情是这样——（蝴蝶页前）乱乱的，怪怪的。

师：整理后变得有序了。

2. 师：我们也来整理一下我们的情绪吧，请大家收拾好桌面，把情绪彩笔装入你的心情瓶子里，排好队，让我们到阳光下去晒一晒，让我们的心情充满阳光……

3. 学生排队牵手离开教室，跟随美术老师去晒心情

我的情绪小怪兽

高兴　伤心　生气　害怕　其他

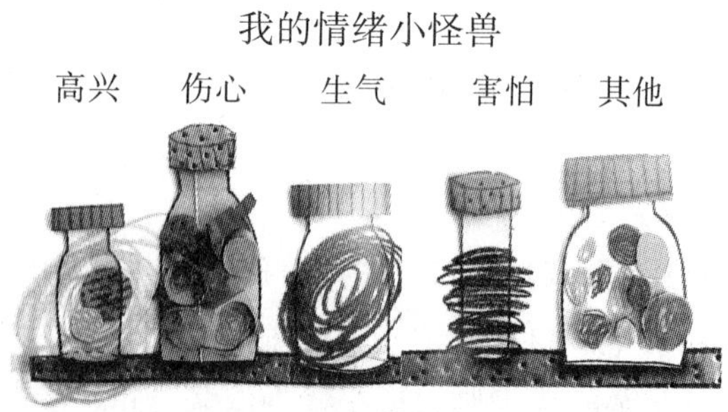

志愿活动悦享会

戴紫诚

教材分析

当前，小学志愿者活动没有相关教材。在实际教学中，教师自由发挥的空间很大，但对教师的要求更高。在设计教学活动的过程中，前期对学生进行前测摸底，了解学生对志愿服务的认知水平，收集、记录、整理学生参与过的志愿者服务，梳理学生各类志愿服务照片、视频，以此为线索组织学生在课堂上进行有目的的分享。这些素材都是由学生提供的，是他们参与志愿服务的真实记录，利用这些照片和视频资料直观展示了学生的活动种类、活动过程及活动效果。为学生深入了解志愿服务，激发学生持续不断地参与志愿活动提供了更多素材。

学情分析

授课对象是六年级的学生，孩子们自入校以来，长期坚持参加各项志愿者服务活动，对志愿服务精神有一定程度的了解，也积累了一定的服务经验。但在实际参与的过程中，还是存在一些困惑，如：如何选择一个合适的服务项目，在服务过程中如何实现自身的服务价值等。还有一小部分学生对志愿服务的价值缺乏认同感，需要进行引导。

教学目标

1. 通过分享、反思、评价，展示学生志愿者活动，充分认可学生的志愿行动，激励学生持续不断地参与志愿者活动。

2. 在分享评价的过程中渗透志愿者活动的价值——用自己的劳动为社会、为他人服务，提升学生的公民意识和责任担当意识。

3. 通过分享和评价让学生进行自我总结和反思，培养学生解决问题的能力，改进自己的服务方式，更好地为社会服务。

教学重点

在分享评价的过程中渗透志愿者活动的价值——用自己的劳动为社会、为他人服务，提升学生的公民意识和责任担当意识。

教学难点

通过分享和评价，让学生进行自我总结和反思，培养学生解决问题的能力，改进自己的服务方式，更好地为社会服务。

教学流程

一、出示数据　引出话题

1. 第一组数据：1204，100%。

猜一猜这组数据和什么有关？

小结：调查问卷显示我们学校共有 1204 人，每个人都参加过志愿者活动，所以参加率是 100%！请用热烈的掌声向我们学校的所有志愿者致敬！

2. 第二组数据：38，37。

这组数据又和什么有关？

小结：全班 38 名同学，陆续开展了 37 种不同类型的志愿者活动。

3. 你们想不想了解一下别人开展的志愿者活动呢？咱们今天就来开个“志愿活动悦享会”吧！

二、分组展示 推荐项目

通过课前的分组交流，每组推荐了一个活动项目与大家分享。分享的时候，希望大家都认真倾听，看看你们能不能发现活动中值得借鉴的亮点！

1. A 组展示。

康仁哲：各位老师、各位同学，大家下午好！我是 A 组的主持人康仁哲，下面由我来给大家介绍我们 A 组的志愿者活动项目。

给树木挂身份牌：我们生活的小区周围种植了各种树木，它们是我们的好朋友，可我们不一定都能叫出它们的名字，于是同学们通过查找资料，制作了树木铭牌，方便大家的辨识。同时，我们还开展“植物大行动有奖竞猜活动”，让更多的小区居民认识我们身边的植物，热爱我们的小区。

文明养宠劝导员：小区里有很多人养了狗，可是他们常常不带狗绳也不打扫小狗的便便，给大家带来了不少困扰。针对这一情况，同学们在小区里扮演起了文明养宠劝导员，希望通过我们的努力让人和动物和谐相处。

“狗医生”活动志愿者：每年 4 月，狗医生的选拔活动都会借用学校的场地。我们志愿者的工作就是将狗牵引到考官面前考试，并且在休息的时候喂它喝水。因为可以和狗狗们玩，所以这项志愿者活动深受同学们的喜爱。

参观黑熊基地：去年有 7 位同学一起来到黑熊基地参观，他们在那里了解到了黑熊被残忍虐待的故事，回家以后大家通过绘画和习作表达了对黑熊的爱护和关心，并将这些作品收集起来做成了一本书送给了亲朋好友，让更多的人了解黑熊，保护黑熊。

我们这组重点向大家推荐的志愿者项目是照顾流浪狗。有请这个项目的参与人来给大家详细介绍他们的活动内容。

谭斯丹：大家好，今天我想和大家分享的志愿活动是照顾流浪狗。我们在小区附近的公园里发现了五只流浪小狗，见它们很可怜我和表妹就去买了火腿肠喂它们，还带它们去洗了澡，打了疫苗。后来，我们又用箱子给它们搭了一个小屋，放上狗粮和牛奶。现在，四只小狗已经被抱走了，只留下了它们的妈妈。不过我们依然在照顾狗妈妈。对被抱走的小狗，我们都有追踪调查。有一次，最小的狗狗被抱走了，因为它那么小我们有些不放心，便跟在那些抱走狗狗的阿姨后面，看她干些什么。我们发现阿姨带小狗去了宠物店，带它洗了个澡，给它买了狗粮，还给它买了狗玩具，我们就推断这个阿姨会好好照顾它的，我们才放心地离开。

师采访：当时你为什么会想到做这个活动呢？

谭斯丹：当初做这个活动出于爱生命的本能，流浪狗和珍稀动物不一样，它们没有人保护，没有食物就会死。我希望大家和我一起行动起来，一是养了宠物不要遗弃它，二是尽自己的努力让流浪狗找到温暖的新家，让人和动物和睦相处。

互动：我们组都一直认为这个活动非常棒，不知道大家同意我们的意见吗？

生生互动。在互动的过程中挖掘活动价值。如：用自己的劳动为小动物服务，认清服务对象的需求，学会了照顾猫狗的相关技能，提升了自己的能力。

2. B组展示。

徐靖博：大家好，我要给大家分享的是我们在学校里参与的志愿者活动。

牛奶盒回收员：每周一是集中回收牛奶盒的日子，大家会带着积攒了一周的牛奶盒来到学校，用自己的实际行动为保护地球做贡献。

校园110志愿者：课间休息的时候，我们可以在操场上，走廊里看到110志愿者忙碌的身影，他们在校园内巡逻执勤，看见不文明的现象会及时劝阻，以免发生危险。

暖冬行动：寒冷的冬季，爱心志愿者为贫困山区的同龄人送去文具、书籍和冬衣，有爱的冬季变得不那么寒冷。

李佳阳：龙娃娃志愿者的身影不仅仅出现在校园里，还遍布城市的各个角落。

金沙遗址博物馆文明礼仪劝导员：博物馆里人头攒动，文明礼仪劝导员提醒游客们注意礼仪，文明参观。

整理共享单车：共享单车的出现方便了我们的生活，可是有人使用了之后并没有按要求停放，有的甚至严重影响了道路畅通，同学们走上街头整理共享单车，让它们变得井然有序，也让我们的成都更加美好。

我们这一组也有一个项目向推荐给大家，有请丑子安同学！

推荐项目：

调查、宣传垃圾分类：

丑子安：大家好，非常高兴和大家分享我的志愿者活动。

为什么我会选择“垃圾分类”这个主题进行调查呢？起源于一件事：我在我的钢琴老师居住的小区里，看到了非常鲜艳的四个垃圾分类桶，旁边的一个阿姨告诉我，这个小区要开始实施垃圾分类，并且社区会对实施垃圾分类的家庭进行奖励。可是，几个月之后，我忽然发现那几个垃圾分类桶已不翼而飞了。于是我就在想我们的垃圾到底需不需要进行分类呢？

决定调查目标之后，我在妈妈的帮助下制订了调查计划。我的调查分为两个部分，一个部分是居民访谈，一个部分是实地走访。通过访谈我了解到，城市居民大多知道垃圾应该分类，但是他们不知道该如何分类。

接下来的实地走访，我先后走访了居民小区、垃圾中转站和垃圾压缩站。我发现，小区里、垃圾中转站以及高新区垃圾压缩站里都没有进行垃圾分类。所有垃圾经过压缩之后被一辆更巨大的垃圾车运到了焚烧厂或填埋场。

通过查找资料，我发现：

(1) 用填埋法处理垃圾会占用土地，造成环境污染，很多国家已经禁用。

(2) 要实现垃圾的再利用，前提是“垃圾分类”。

(3) 把没有分类的垃圾进行焚烧，会严重危害人类的生存环境。

所以，我的调查结论就是：垃圾得到妥善处理的前提是“垃圾分类”。完成调查以后我又开始了下一步的行动：

(1) 在家里坚持垃圾分类。现在，在我的家里，摆放着三个垃圾分类桶，一个是厨余垃圾、一个是可回收垃圾桶、一个是不可回收垃圾桶。

(3) 向同学们宣讲我的调查报告，让更多的人了解垃圾分类的重要性，并参与到垃圾分类的实践中来。

(3) 我准备将我的调查结果向市长信箱公布，希望有一天能真正解决垃圾分类的问题。

同学们，老师们，请大家和我一起行动起来吧!

互动：你们喜欢这个项目吗？请大家为这个活动点赞！说说这个项目好在何处？

3. C组展示。

戴言：我们C组的活动十分丰富，大家都想来自己介绍。

“就爱您”教师节感恩志愿者：教师节是老师的节日，在这一天我们选择用自己的行动为老师送上一份珍贵的礼物。

关爱自闭症儿童：陪伴这些不一样的同龄人，给他们带来快乐的同时也懂得珍惜自己的生活。

为环卫工人送元宵：我们身边有许多的环卫工人，他们每天起早贪黑辛苦工作，用劳动换来了成都的干净整洁，在大年十五这一天，我为环卫工人送去了热腾腾的汤圆来表达我的感谢。

戴言采访：你是怎么想到这个活动项目的呢？

生：通过成都志愿者App。

看望社区里的孤寡老人：我们中华民族自古就有尊老爱幼的传统美德，放寒假的时候我们也通过志愿者App了解到了一个社区志愿者活动，于是我和周子钦、肖逍、丑子安一起去社区慰问孤寡老人，为他们送去节日的问候。

戴言(慰问南海海军)：今年寒假，我们登上了舰艇来到了南海舰队，慰问那些为了保卫祖国而远离家乡和亲人的解放军叔叔，我们还献上了我们精心准备的节目，受到了解放军叔叔的热烈欢迎。

我们组也推荐了三项各有特色的志愿者活动。

黄圣翔(成都市博物馆解说员)：

各位游客朋友，下午好！我是成都博物馆的讲解员黄圣翔。欢迎大家来到成都市博物馆参观。首先我为大家讲解的是小杖头木偶，小杖头木偶因为体型小，被称为精肘肘，精木偶，他在表演过程中充分融入了川剧的元素，所以四川人把看川戏叫作看大戏，看精肘肘叫看小戏 。在小杖头木偶中有一种 特殊的木偶，叫四头木偶，顾名思义，每个木偶头上有4张脸，表演时操控方便。

表演形式特别，有一个木偶一台戏的说法。最后我们看一下丑杆，丑杆表演时动作神态都很搞笑，看到他们大家是不是想起马戏团的小丑呢？没错 他们一出场总能让观众哈哈大笑。我的讲解到此结束，谢谢大家！

能成为成都市博物馆的讲解员，我感到十分荣幸，去年暑假，我们得知成都市博物馆首次招聘小小讲解员，我报名参加海选，经过重重选拔，我最终在400名候选人中脱颖而出，成为光荣的暑假小小讲解员。为了更好地为游客服务，博物馆的老师对我们进行了培训，在培训过程中我了解关于文物背后的故事，还掌握了一些讲解的技巧。暑假结束后，我又申请成了常规讲解员，每个月坚持到博物馆参加两次服务。经过一年的讲解，锻炼了胆量，增长了知识，还结交了许多朋友，得到参观者的肯定（展示评价本），收获颇丰。另外，我觉得作为一个公民，应该要有服务社会的意识。这也是我一直坚持不间断参加讲解的动力和原因，我会一直坚持下去。能够为社会出一份力，我很荣幸也很自豪。

韩欣桐（幼儿园小老师）：我的志愿者活动是去弟弟幼儿园当小老师。我先后去了两次。第一次是弟弟读小班的时候，老师安排我帮弟弟他们穿衣服、扣扣子、分牛奶，等他们穿好喝饱以后，我就给他们讲故事、弹钢琴、做游戏。我用自己的行动为老师们减轻了工作量，我很开心。第二次是弟弟他们已经升入大班时，在生活上已经不需要人照顾了。我就想，我去做点儿什么比较好呢？于是我认真准备，为小朋友们开了健身操课，教小朋友们跳《舞王子》，还开了折纸课，教他们折小狗，折得好的我还奖励他们小红花，小朋友们十分高兴。因为他们要当小学生了，我还给他们讲了小学的故事，他们听得津津有味。

收获：通过这两次体验，我发现当幼儿园老师真的很不容易，他们要照顾许多小朋友，而且每一个都要照顾好，十分辛苦，我去当小老师就可以让老师们多一点休息的时间。而且我从刚开始只能给弟弟妹妹们穿衣服倒牛奶，到可以给他们上课，我的能力得到了很大的提升。同时，幼儿园的弟弟妹妹们非常喜欢我，我的来到让他们感到特别高兴。这些都是我的收获。

李怡希（慰问献血志愿者）：

我曾经和同学一起去成都市血液中心慰问献血志愿者。这些志愿者有的是第一次来献血的，我们就和她聊天，给她倒水，分散她的注意力，她就不会那么紧张了。还有的志愿者是献血英雄，比如说和我们合影的这位叔叔，他是血液中心的常客了。他那天刚下飞机就赶到血液中心来献血了。我们问他为什么要坚持来这里鲜血，他说：他想用这样的方式来回报社会，他希望不会有任何一个人因为缺少血液而离开这个世界。

采访：你们去血液中心慰问，只能和他们说说话，倒倒水，好像起到的作用并不大呀？为什么你们要推荐这个活动呢？

李怡希：看上去我们的服务很简单，但是我们起到的作用却很大！这些志愿者默默付出，但是他们这种无私奉献的行为需要得到大家的尊重和认可。同时我们也被他们的行为所感染，认为这样的奉献十分光荣，虽然我们现在还不能参加献血，但是我们可以通过自己的服务给献血志愿者带来坚持下去的力量，我们也为社会做了贡献！

生生互评，说说自己认为很优秀的志愿者活动好在何处。

师总结：三个组的项目都已经展示完了，我来说说我的看法吧。其实你们的活动都是通过自己的劳动在服务社会，服务他人，都是非常有意义的。

三、反思调整 取长补短

1. 当然，通过之前的展示我们也发现有些同学的做法值得我们去学习，人们常说“他山之石可以攻玉”，今天大家分享的这些做法带给你什么启示呢？你能不能马上调整一下自己的活动项目让它能在帮助他人的同时又能提升自己？有困难的孩子也可以寻求同伴的帮助。

2. 学生思考、汇报。生生互评。

3. 今天的分享真是太精彩了，孩子们，你收获了什么呢？学生交流。

4. 小结：看，参加志愿活动不仅能够服务社会帮助他人，自己也会收获满满呢！

四、分享故事　总结提升

1. 既然是分享会，老师也有想和大家分享的内容。前几天我采访了一位曾经在多米尼加共和国做医疗志愿者的医生，听听他的故事吧！

2. 听医疗志愿者的故事，谈志愿者活动对你的启发：志愿者活动要做到实处，真正帮助那些有需求的人。

也许你一个小小的举动就能带给别人大大的帮助，让我们继续前进，用爱和行动点亮整个世界吧！

板书设计

	分享活动	
志愿活动悦享会——→	反思调整	——→用爱和行动点亮世界
	总结提升	

别人的东西，我不拿

刘姝兰

教材分析

培养学生良好的品格，引导学生树立正确的核心价值观，养成良好的生活习惯是小学阶段必不可少的教育。本节班会课将低段学生喜欢的绘本故事《大黄蜂自行车》作为教学内容，此书中主人公——大卫喜欢“借”别人东西，直到自己心爱的自行车被别人“借”走了，他才知道没经过别人允许“借”是错误行为。这个故事浅显易懂，贴近学生生活，渗透了不能随意拿别人东西的道理。阅读此书后，再让学生在活动中进一步体验，促使学生懂得获得自己喜欢的东西的正确路径，以此培养学生诚信的品格。

学情分析

一年级很多小朋友物权意识较差，班级中常出现随意拿同学东西，借了别人东西不及时归还，捡到别人东西据为己有的情况。孩子的这种行为不能定义为“偷”，但如果不加以引导，就会让孩子养成不良习惯。

教学目标

1. 懂得擅自拿别人东西与向别人借东西的区别，明白不能擅自拿别人东西的道理。

2. 懂得喜欢一件物品，可以通过正当的途径取得。

3. 通过活动体验，培养学生诚实守信的优秀品质。

教学重点

1. 懂得擅自拿别人东西与向别人借东西的区别，明白不能擅自拿别人东西的道理。

2. 懂得喜欢一件物品，可以通过正当的途径取得。

教学难点

通过活动体验，培养学生诚实守信的优秀品质。

教学过程

一、活动引入，唤醒认知冲突

师：今天，老师给大家带来了许多有趣的东西，就装在这两个盒子里，想不想看看有些什么？老师给大家两分钟时间自己去看看。

学生自由观看老师的宝物盒。

师：我想采访一下，看的时候你心里想了什么？

生：老师的宝物盒里有我喜欢的陀螺，我想要。

生：我喜欢你这个小别针。

二、齐读绘本，再现情感困境

1. 齐思补救，强化知错能改。

师：有个小朋友跟你们一样，看，他叫大卫，是个急性子，每当看到自己想要的东西时，就恨不得马上得到它。

师：他的家里有个藏宝箱，专门放他的宝贝，我们一起去看看都有些什么宝贝呢？

师：这是他最近才拿到手的超人，这个驯鹿胸针鼻子会发亮，这个南瓜灯很小巧，这支笔笔头的羽毛像蒲公英的花朵，他手上这个小球可以跳得比房子高。任何人都不知道他有这些宝贝，所以每次大卫回家去看这些宝贝的时候，都会踮起脚尖溜进卧室，左瞧瞧，右瞧瞧，确认妈妈不在，便关上门，并留心听门锁的声音。他悄悄打开衣柜，取出他藏得严严实实的藏宝箱

师：猜猜大卫玩这些宝贝的时候，为什么怕被妈妈发现？

生：因为他回家没有先学习。

生：因为这些东西不是他的，妈妈发现了会批评他。

师：猜对了吗？我们接着往下看。

师：这些东西都是大卫没有经过别人的允许“借”来的，他告诉自己将来会把这些东西还回去，现在知道大卫为什么怕被妈妈发现了吗？

生：因为他的这些宝贝是别人的，他没有经过别人的允许拿走了。

师：虽然这些东西是大卫喜欢的宝贝，但没经过别人的允许，拿回来以后

只能提心吊胆地玩，大卫玩得一点也不轻松啊！

师：当然，大卫也有让他轻松愉快的宝贝，那就是他的大黄蜂自行车，这是他在这个世界上最在乎的宝贝，车身的颜色是亮黄色……

师：但不幸的事情发生了，一个倒霉的早上，大卫发现自己的宝贝自行车不见了。你掉过什么东西？心情怎么样？

生：我掉过一支新铅笔，是妈妈送我的生日礼物，我很难过。

生：我幼儿园的时候掉过一个陀螺，我到现在都很难过。

师：大卫掉了自行车跟你们一样难过，他做任何事情都耷拉着脑袋，提不起精神。

师：你想对带走自行车的人说什么？

生：不管你有多喜欢这辆车，不是你的，你不能拿走。

生：你拿走了大卫最心爱的东西，他好难过。

师：几天过去了，突然有一天，一辆警车开到了大卫家楼下，大卫看到警车紧张极了，心里想：难道他们是来抓我的吗？

师：大卫为什么怕警察抓他？

生：因为他以前拿过别人的东西。

师：以前他只顾自己喜欢，就去拿别人东西，他认为是借，现在他的东西被别人拿了，才知道这种行为是错误的，所以他才会这么害怕警察。这种提心吊胆的感觉可真不好，大卫知道自己错了。

师：你觉得大卫应该怎么做来改正自己的错误？

生：他可以给别人道歉，把东西还给别人。

师：大卫觉得你们的建议很好，于是把他藏宝箱里的宝贝一一还给了它们的主人，并且给他们道了歉，而这些宝贝的主人都原谅了大卫。

师：你想对大卫说什么？

师：是的，每个小朋友都有犯错的时候，如果做错了，能有勇气去承认错误，改正错误，那你就是最棒的！我们一起把掌声送给大卫。

师：刚才拿了刘老师东西的小朋友，你现在想做点什么吗？

生：我想把东西还给老师。

师：让我们一起把掌声送给他。

师：现在大卫变得轻松了，你能帮大卫想想办法防止自行车再搞丢吗？

生：可以在自行车上贴名字。

生：可以买一把锁把车锁上。

生：把车放回自己家。

师：你们给大卫送出了这么多防丢小贴士，真棒！听完这个故事你明白了什么？

生：我们不能随意拿别人的东西。

师出示课题：别人的东西，我不拿。

师：为什么别人的东西不能拿呢？

生四人小组讨论。

师：东西是别人的，不管有多喜欢都不能拿；拿了别人的东西自己会紧张，只能偷偷摸摸地玩；拿了别人的东西会让别人难过；如果明明知道拿别人的东西不对，还要去拿，警察就会抓这样的人了。所以，我们一定要记住：

生齐读：别人的东西，我不拿。

师：能做到不拿别人东西的孩子就是诚实的孩子。

2. 共享办法，做好事前控制。

师：现在大卫也要当诚实的孩子了，可是他想问：“如果遇到我喜欢或者需要的东西该怎么办呢？”小朋友们，谁来帮他想想办法？

生：大卫，你可以自己买。

师：好办法。刚好前两天大卫看见好朋友丁丁有一块汽车形状的橡皮，他非常喜欢，回去就要妈妈买，但妈妈说那种橡皮擦不干净，不同意给他买，这时他的心里冒出三种想法：

A. 我又哭又闹，非要妈妈买。

B. 妈妈不给我买，我就找爷爷奶奶、找小姨、找妈妈的好朋友买，总有人会答应给我买。

C. 那我就自己攒零花买吧。

师：你们帮大卫选第几个办法？

生：C 办法。

师：于是，大卫就开始为他喜欢的橡皮擦攒零花钱，可大卫是个急性子啊，攒零花钱还需要一段时间，他实在太想尽快用上这块橡皮了，他该怎么办呢？

生：他可以跟同学借。

师：怎样才能借到东西呢？让我们一起来看我国古代大政治家宋濂借书的小故事。（播放视频）

师：故事看完了，假如现在宋濂来找你借书，你愿意把书借给他吗？为什么？

生：我愿意，因为他很讲信用，及时还书。

师：是的，及时归还借的东西，让别人觉得你很守信用，就愿意借给你。

师：不拿别人的东西，借了东西及时归还，这就是讲诚信。讲诚信是我们中华民族的传统美德，老师也希望这份美德在你们身上传承下去。现在刘老师就想把自己宝盒里的东西借给刚才很喜欢这些宝贝，但是没有拿的两个小朋友，谁想来借？

（现场体验）

师：老师把东西交给你们很放心，相信你们会保管好它，并及时还给我。

师：大卫也跟你们一样打算去向丁丁借橡皮，没想到丁丁问："大卫，我好喜欢你的铅笔，你是在哪儿买的？"大卫家里有很多这种铅笔，于是他灵机一动，想到了一个好办法，你们猜是什么好办法？

生：他可以拿铅笔跟别人交换橡皮。

师：猜对了！这个办法既能得到自己喜欢的东西，又让自己没用的东西不浪费。今天，孩子们带了一件自己不要的小玩意儿，也许它就是其他同学喜欢的，想不想去找同学换一换？

（大组活动）

师：刚才交换东西，有的小朋友成功了，有的小朋友没有成功，没有交换成功的小朋友，你觉得自己为什么会失败呢？

生：因为我带的东西他们不喜欢。

生：我跟他换了，他又让我还给他了。

师：已经换给别人的东西就是别人的了，就不能再拿回来，这才是守信用。

师：交换成功的孩子你能分享你成功的原因吗？

生：我带的东西是他们喜欢的，大家都争着跟我换。

师：带干净的，看起来比较新的东西会让别人更喜欢，也会让人觉得你是一个大方，有礼貌的孩子，这样你也能更容易换到你喜欢的东西。

师：不管你们有没有交换成功，老师都要表扬你们是诚实的孩子，没有随便拿别人东西，懂得尊重别人的意见。

师：大卫跟有些交换失败的小朋友一样，没有换成橡皮，最后，他对自己说："今天我喜欢丁丁的橡皮，明天说不定我又喜欢冬冬的铅笔，后天我还有可能喜欢别人的直尺。这个世界上好看的新鲜玩意儿太多了，买不完的。算了，还是不买了吧。"

（播放录音）

师：小朋友们，大卫面对自己喜欢的橡皮怎么办了？

生：他忍着没有买，放弃了。

板书：忍一忍。

三、总结激励，引向正面发展

师：今天这节课孩子们通过读大卫的故事明白了“别人的东西，我不拿”的道理，也学会了得到自己想要东西的好办法。你们真是太棒了！

师：在我们班就有许多这样的孩子：他们借了同学的东西会主动、及时还给同学，这样的孩子请起立；他们在教室里，走廊上，操场上捡到了东西主动还给同学或是交给老师，这样的孩子请起立；他们每周一仔仔细细地数自己集的牛奶盒，一个不错地把牛奶盒数量报告给大队部，这样的孩子请起立；他们在考试或者做作业时遇到了难题，会独立思考，这样的孩子请起立。祝贺你们，被评为了班级的诚信之星。只要你们坚持这样做，期末就可以被评为我们学校的诚信之星了！

板书设计

诚信　别人的东西，我不拿

自己买

借一借

换一换

忍一忍

我们都是微笑天使

胡杨洋

教材分析

《中小学综合实践活动课程指导纲要》中提出要坚持教育与社会实践相结合，引导学生深入理解和践行社会主义核心价值观，充分发挥综合实践课程在立德树人中的重要作用。本次活动主要针对综合实践活动中的关键要素“社会服务”展开。“做快乐的龙娃娃志愿者”是龙小的特色课程之一，选择学校志愿者视频及相关文字记载作为核心教学内容，让学生深入了解志愿者服务。与家长共同开发班本课程，鼓励以“老带新”的组织方式让志愿者服务逐步走向跨班级、跨年级。

学情分析

1. “做快乐的龙娃娃志愿者”是龙小的特色课程之一，学校倡导每个学生积极参与志愿者服务，鼓励以“老带新”的组织方式逐步走向跨班级、跨年级。

2. 二年级小朋友有强烈的参与意愿，但对于如何参与志愿服务亟待指导。高段志愿者积累了志愿服务的经验和技巧，可以“以一带多”的小组形式带领低段志愿者有计划地开展服务。

3. 发现班级热门话题——对平时接触较少的特殊群体（唇腭裂儿童）充满好奇。老师挖掘四川大学华西口腔医院家长资源，协助班级更好地开展志愿者服务活动，对学生进行正确引导。

教学目标

1. 通过亲历志愿服务活动，获得帮助他人的成就感，向他人传递热爱生活的态度。

2. 在教师引导下，开展“老带新”志愿者活动，学生获得自身发展，促进相关知识技能的学习，提升社会服务的能力。

3. 用实际行动践行社会主义核心价值观，平等、友善地对待特殊群体，增强社会责任感。

教学重点

1. 在“老带新”的这种小组活动形式下，一起认识、分析被服务对象的真实需求，从而做好物质、技能、心理上的储备。在老师的引导下，制定“微笑菜单”，有计划地开展志愿者服务活动，提升学生解决问题的能力。

2. 活动结束后，通过分组汇报、反思总结，突破本次课的难点——唇腭裂儿童需要我们持续关爱，以及如何优化服务。鼓励学生持续参与志愿者服务，扩大影响范围。

教学难点

充分发挥“老带新”志愿者活动形式的优势，引导学生根据兴趣、能力、特长、活动需要，明确分工，做到人尽其责，合理高效。培养学生自主参与合作沟通的能力，又满足了被服务者的需要。

教学过程

一、活动过程流程图

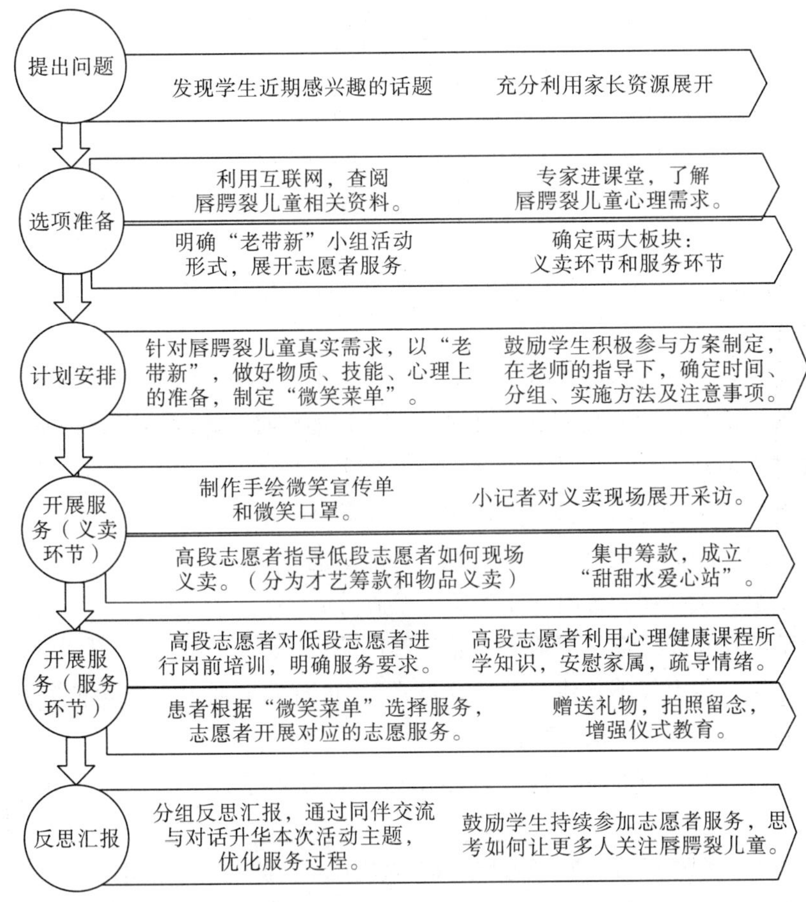

二、具体活动过程（分为四个阶段）

阶段一：明确服务对象与需求。

1. 学生自行查阅资料，初步了解唇腭裂的相关知识。

2. 通过专家讲座及现场互动，进一步了解了唇腭裂儿童的病因形成、面临的社会生存问题、给家庭带来的心理焦虑等问题。

3. 以“一带多”的形式，一位高段志愿者代表带领几位低段志愿者到病房对患者家属进行现场访谈，提前了解他们的真实需求。（如希望病房环境有生机，缓解患者的自卑心理，减轻患者家属的焦虑情绪，能得到一些帮扶）

阶段二：制订服务活动计划。

通过教师点拨引导，以“老带新”的形式，小组讨论得出：

1. 明确活动主题—— 通过前期的需求调查，了解到这些孩子非常自卑，羞于表达，征集活动主题，最后确定活动主题为“我们都是微笑天使”。

2. 明确服务对象的注意事项：如全程微笑、不嘲笑、不歧视、不拍患者正面照，等等。

3. 确定服务时间——暑假，时长：4 小时。

4. 确定服务地点——九眼桥义卖点、四川大学华西口腔医院住院部。

5. 确定参与人员：高段志愿者代表 10 人、低段志愿者 40 人，家长志愿者 5 人。

6. 根据自我个性特长进行服务准备，由 1～2 位高段志愿者带领各组组员明确分工。

义卖组：为低段志愿者开展义卖培训。（如：前期，指导如何制作手绘宣传单，如何准备合适的义卖品；义卖过程中，如何吸引顾客注意力，如何有序地开展义卖活动等）

服务组：指导低段志愿者做好相关物质和技能准备。

才艺组：唱歌、跳舞、弹奏乐器、诗歌朗诵等才艺表演。

手工组：玩胶泥、做科学小实验、绘画等。

运动组：花样跳绳、健美操、篮球等运动。

分享组：线上线下共建“龙娃娃讲堂”，可现场或通过视频两种方式分享热点新闻、身边趣事、成长日记等。

活动组：有兴趣的患者还可以走出医院，和志愿者一起参加龙娃娃特色活动。

宣传组：指导低段志愿者做好后期宣传工作，扩大影响范围。（如作为小记者对本次活动展开报道，利用学到的信息技术制作微视频、志愿者和患者及家属一起制作微笑绘本、共建微信群等）

7. 在老师指导下，制作“微笑菜单”。

微笑服务	服务简介	备 注
才艺小达人	唱歌、跳舞、弹奏乐器、诗歌朗诵等才艺表演会让你枯燥无味的医院生活变得丰富多彩！	

续表

微笑服务	服务简介	备 注
手工小能手	动动你的手指，放松心情，和我们一起玩玩胶泥、做做科学小实验、画出你心中的世界吧！	
运动小健将	想了解我们龙娃娃的特色运动项目吗？好玩的花样跳绳、健美操、篮球操在等着你们哦！	
龙娃小讲师	在这里，你可以及时了解新闻热点、校园内外的趣事、个人成长日记、好书分享，你还可以敞开心扉，畅所欲言。	可提供现场服务和线下的视频服务，患者还可以通过微信群和志愿者在线互动分享。
活动小高手	心动不如行动，走出医院，和我们一起参与丰富多彩的活动：无水日、龙娃娃110、家委会活动、春秋游……总有一项适合你。	需向医院提出申请，身体条件符合的患者才能提前预约活动项目。

8. 根据患者的年龄特点分组赠送礼物。

0～3 岁婴幼儿组。

3～6 岁学龄前期组。

6～12 岁学龄期组。

12～18 岁青少年组。

9. 用义卖所得筹款作为“甜甜水爱心站”第一笔基金，以进病房送红包的形式，为贫困儿童购买术前能量补充液。

阶段三：开展服务活动。

以“老带新”的小组活动形式，把整个过程分为两大板块。

板块一：在九眼桥的义卖活动。

1. 制作手绘微笑宣传单和微笑口罩。

2. 小记者对义卖现场展开采访。

3. 高段志愿者指导低段志愿者如何现场义卖。（分为才艺筹款和物品义卖）

4. 集中筹款，成立“甜甜水爱心站”。

版块二：在四川大学华西口腔医院开展志愿者服务。

1. 高段志愿者对低段志愿者进行岗前培训，明确本次服务要求。

2. 高段志愿者利用心理健康课程所学知识，安慰家属，疏导情绪。

3. 患者根据“微笑菜单”选择服务，志愿者开展对应的志愿服务。

4. 赠送礼品，拍照留念。

阶段四：反思服务经历、分享活动经验

1. 开展反思服务分享会，各个小组分组汇报服务心得及感受。

2. 通过微信群的互动交流，明确志愿者服务需要持续长期地开展。提出“一起过六一”、和贫困家庭“结对子”、建立甜甜水爱心站等。

3. 探讨如何扩大本次活动的影响力，吸纳更多的志愿者加入。如：将宣传组制作的微视频、采访录像、微笑绘本、活动报告发布到网上，还可以整理影像资料制作成公益片。根据整个活动过程，低段、高段志愿者合作制作“微笑绘本”。

三、学习效果评价设计（根据评价维度设计评价表）

低段志愿者自评表：

评价项目	评价要点	评价结果
活动表现	是否通过查阅资料、专家讲座、约谈患者家属等多种途径，了解了患者的真实需求。	☆☆☆☆☆
	在计划安排阶段，是否能接受高段志愿者的指导，善于提问，乐于研究，自主发现，学会合作。	☆☆☆☆☆
活动能力	前期有无认真准备义卖产品，有无用心参与义卖活动，有无筹得义卖资金。	☆☆☆☆☆
	面对唇腭裂儿童能平等友善地对待，真诚地沟通交流，无好奇、恐惧、嘲笑等行为。	☆☆☆☆☆
	积极实践、发挥个性特长，施展才能，给唇腭裂儿童带去更多的温暖和心理慰藉。	☆☆☆☆☆
活动结果	能有所收获，对自己“反思”，不断优化服务过程，并愿意持续地参与志愿者活动。	☆☆☆☆☆

高段志愿者自评表：

评价项目	评价要点	评价结果
活动表现	是否通过查阅资料、专家讲座、约谈患者家属等多种途径，了解了患者的真实需求。	☆☆☆☆☆
	在计划安排阶段，是否认真指导低段志愿者，善于沟通，乐于引导，学会合作。	☆☆☆☆☆

续表

评价项目	评价要点	评价结果
活动能力	前期有无参与相关准备，是否认真指导低段志愿者开展义卖活动，后期有无跟进整个志愿者服务过程。	☆☆☆☆☆
	面对唇腭裂儿童能平等友善地对待，真诚地沟通交流，无好奇、恐惧、嘲笑等行为。	☆☆☆☆☆
	积极实践，以老带新，发挥个性特长，给唇腭裂儿童带去更多的温暖和心理慰藉。	☆☆☆☆☆
活动结果	能有所收获，对自己“反思”，不断优化服务过程，并愿意持续地参与志愿者活动。	☆☆☆☆☆

活动评价重点强调服务过程和评价主体的多元化，除了自评，还有互评、家长评、老师评。

板书设计

我们都是微笑天使

提出问题

选项准备

计划安排

开展服务

反思汇报

动手做（二）

殷　石

教材分析

“奇妙的七巧板”是北师大教材小学一年级下册第四单元“有趣的图形”中的内容。本单元是在操作活动中，认识长方形、正方形、三角形和圆，利用所学图形进行拼图、折纸等活动，加深对这些图形的认识。教材安排了三个“动手做”的活动，为学生创设了操作、思考和想象的空间。“动手做（一）”，通过折、剪、拼活动，鼓励学生对图形进行简单的分解和组合；“动手做（二）”，借助七巧板鼓励学生在活动中拼图；“动手做（三）”，鼓励学生欣赏和设计简单的图案。

本节课就是“动手做（二）”，是让学生通过对我国古代的一种数学图形游戏——“七巧板”的认识、拼摆，从而巩固平面图形的认识，感受平面图形组合的美丽与神奇，培养学生欣赏美、创造美的能力。

学情分析

本节课借助七巧板让学生在拼图活动中，进一步熟悉认识的平面图形，并初步、直观认识平行四边形。这部分内容的学习应该建立在学生已有生活经验的基础上，引导学生进行操作活动是教学的一个重要环节。

教学目标

1. 通过用七巧板拼图的活动，初步认识平行四边形，进一步熟悉学过的平面图形。

2. 通过拼摆图形，体会图形的重叠、替换的方法，发展空间观念。

3. 在学习活动中积累对数学的兴趣，培养与同学的交往、合作意识，在动手动脑的过程中发展想象力，培养学生创新能力。

教学重点

引导学生利用七巧板体会图形的重叠、替换的方法，拼出不同形状的图案。

教学难点

培养学生协作精神与合作意识，培养学生创新能力。

教学过程

一、导入

1. 点击智慧课堂，学生扫描，进入云课堂。

(1) 昨天我们已经利用武侯教育云预习了关于“七巧板”的相关知识，让我们一起来回顾一下吧。播放“介绍七巧板”，七巧板已有 2500 多年的历史啦，是我国古代的一种图形游戏，很多外国人都喜欢玩它，所以它又称为“东方魔板”。

(点击：武侯教育云——“介绍七巧板”)

(2) 通过一组试题了解学生，大家预习的情况怎样?

(调用：武侯教育云——试题)

(3) 习题大家掌握得不错，我看看大家拼得怎样。

(调用：武侯教育云——比赛)

(4) 看来大家，照着拼，真厉害!

(5) 能否用七巧板先来拼我们学过的图形，比如：正方形。

现在开始。

师：我们用两个三角形拼出了一个正方形，用 3 个三角形拼出了一个正方形，4 个呢? 5 个、6 个呢? 等等。

师：看来大家遇到了难题，还是很有必要研究学习“七巧板”，这就是我们这节课要认识的“七巧板”(贴板书)。

二、新课

1. 认。

师：“七巧板”是由几个图形组成的呢?

生：7 个。

师：现在认真观察，在这 7 块图形中有一个我们还不认识，是几号图形？知道它的名字吗？

生：3 号图形。

师：这个图形是平行四边形，请同学们仔细观察，记住它的样子和名字。

电子白板演示：

（1）画平行四边形，注意拖动和旋转。

（2）用智慧笔画平行四边形，注意变形，让学生辨析，充分认识平行四边形。

（体会平行四边形，长方形，任意四边形的区别）

师：记住了吧！它的外形与其他图形比有什么不同？

生：它也有四条边，但是和正方形不一样。

生：好像歪的正方形。

生：对，好像拉斜的正方形和长方形。

生：不像正方形和长方形那样四四方方。

师：你们的想象力真丰富！CAI 这些是平行四边形吗？

辨析平行四边形。（调用：武侯教育云——平行四边形）

2. 分。

师：你们能把七巧板的 7 块图形进行分类吗？同桌讨论讨论！

生：有三角形、正方形和平行四边形。（师板书、生贴）

师：他们的分法很完整，是我们学习的榜样！

师：它们的个数分别有几个？（师板书）

师：这 3 种图形的总数是？（师板书）“七巧板的七”

考查学生掌握的情况，了解全班的情况。

利用武侯教育云，进行测试。

（调用：武侯教育云——课堂练习）

（1）发布任务，全体学生。

（2）课堂抢答，全体学生。

（3）随机点人，全体学生。

3. 比。

师：我们再来动手比一比这 7 块图形，哪两个图形一样？

你是怎样比较出来的？

生：我把两个大的摞起来，两个小的摞起来。

师：哦，老师明白了，你是用重叠的方法比较出来的。

（课件展示比一比）科学就需要这样严谨的态度。

（重点理解：重叠）

师：哪些图形最大？哪些图形最小？

生：汇报，1 号、2 号最大，4 号、6 号最小。

师：那我们把这 5 个三角形按大小顺序整一下。

谢谢你，使这 5 个三角形的大小关系一目了然。

4．解惑。

师：现在，你们能用 3 个三角形拼出一个正方形了吗？4 个呢？

特别强调重叠、替换的数学思想。

三、小结

1．利用小勾数学学习圈，进行知识梳理。

（调用：小勾数学学习圈）

2．利用七巧板，拼出喜欢的图案。

师：同学们可真是爱动脑筋的好孩子，能拼出这么多漂亮的图案。希望同学们回到家能够用你们灵巧的小手拼出更多有创意的图案来！把创作的作品，拍照后上传到武侯教育云。（调用：武侯教育云——布置课后作业）

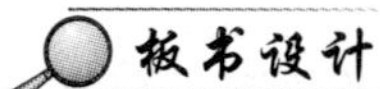

板书设计

七巧板

重叠　替换

七巧板：三角形　平行四边形　正方形

折一折　剪一剪　比一比

认识钟面和时间

李　冬

教材分析

本课是在学生一年级认识了整时、半时的基础上，进一步地认识钟面和时间。由于时间单位比较抽象，加上进率是 60 而不是 10，学生掌握起来有一定的难度，因此，将整节课的教学与日常生活中的事件结合起来，让学生经历独立思考、动手操作、汇报交流的过程，体会推理的过程，了解和掌握时分之间的关系，学会认读时间，初步建立时间观念。在此过程中，发展学生的合作交流能力。

学情分析

学生在生活中对钟表已经有过接触，会认识钟表上的 12 个数字，知道上下左右方位，这些为学生学习本节课的知识做了铺垫。但由于学生在日常生活中认识钟表的知识经验有差异，对于时刻这个抽象概念较模糊，所以应放在具体生活情境中展开教学。

教学目标

1. 通过观察、动手操作，数一数，拨一拨，了解钟面的有关知识，明白 1 时与 60 分之间的关系，在此过程中，培养学生的推理能力；

2. 在经历思考、交流和教师引导下，学会认钟面上时间的方法，能正确认识和记录时间；

3. 能将钟面时间与生活结合起来，培养学生的时间观念，了解钟表的历史。

教学重点

认识钟面，知道 1 时=60 分。

教学难点

会认钟面上的时间，培养时间观念。

教学过程

一、联系生活，引出钟面

师：在刚才的交流中，李老师知道大家已经会在钟面上认整时和半时了。其实，钟面里还藏着不少秘密，想知道吗？这节课，就让我们一起来认识钟面。(揭题：认识钟面)

二、合作探究，认识钟面

1. 初谈钟面。

师：关于钟面，你知道些什么？(PPT 出示钟面)

生自由发言。师选择性板书。

师：看来，大家对钟面的认识还真不少。知道钟面上有针、数、格。其实，我们生活中的每一天，就是在这些针指着这些数一圈一圈走格子的过程中，慢慢流逝。

2. 合作探究，完成学习任务单（一）。

师：下面，我们就从这三方面来进一步研究。

课件出示学习任务单（一）。

师：请看屏幕，一起读一读要求。共有几道题？这就是学习任务单（一），请大家拿出任务单，同桌合作，共同完成。如果有困难，可以借助我们发的小时钟，数一数，拨一拨。

学习任务单（一）
仔细观察钟面，填一填。 (1) 钟面上有（　　）个大格，每个大格里有（　　）个小格，共有（　　）个小格。 (2) 时针走 1 大格是（　　）时。 (3) 分针走 1 小格是（　　）分，走 1 大格是（　　）分。 (4) 时针走 1 大格，分针正好走（　　）圈。 1 时＝（　　）分

同桌合作。教师巡视，了解情况。

3. 学生汇报。

师：（组织）哪个小组愿意来和大家分享你们的发现？

（1）课件演示1大格里有5小格，共有60个小格。问：共有60个小格，你是怎么数的？

（2）明确时针走1大格是1时，问：走3大格呢？

（3）问：你怎么知道分针走1大格是5分？使学生明确：因为1大格里有5小格，分针走1小格是1分，所以分针走1大格是5分。

（4）两次课件演示，学生观察。第一次，明确时针走1大格，分针走1圈。第二次，明确时针走1大格和分针走1圈所用时间相等，所以1时＝60分。

4. 小结

师：在刚才的活动中，大家采用合作学习的方式，通过仔细观察、动手操作、汇报交流，发现了这么多有关钟面的秘密，真是会学习的好孩子！这些发现，能帮助我们认识更多的时间。

三、结合生活，认识时间

1. 试认时间。

师：请看学习任务单（二），这是李老师今天早上从出门到走进教室所经历的几个时刻，你会认吗？自己认认看。（PPT出示学习任务单二）

生独立思考。

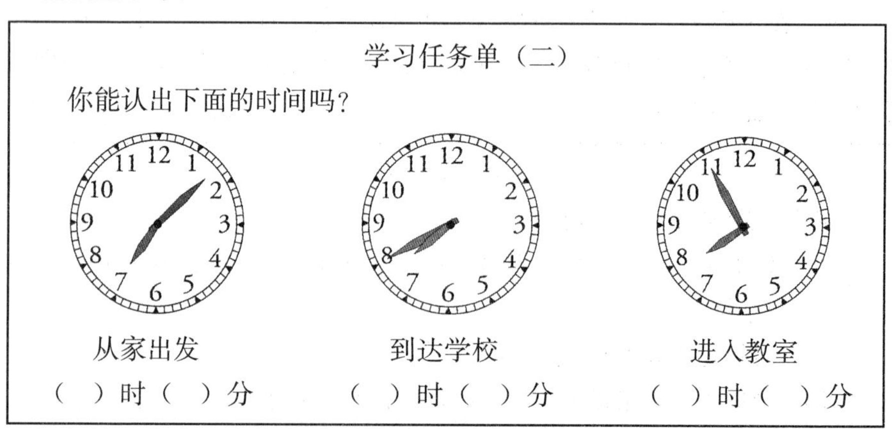

师：认好了吗？同桌两个孩子说一说，你会认哪些钟面？你是怎么认的？

同桌交流，教师巡视。

师：谁愿意来选一个你最喜欢的时间，说一说你是怎么认的？

生选择钟面认时间，汇报。

师小结：看来，要正确认出钟面上的时间，我们还是要先看时针，时针走过几，就是几时多，再看分针从12开始，走过几小格，就是几分。

2. 记录时间。

师：认识了时间，我们还得把时间记录下来，除了像这样，用文字记录外，还有一种更简洁的记录方式。想看吗？看仔细，7时写作7：（PPT出示：7：）8分，不满10，我们通常这样记，（PPT出示：08）它也读作7时08分。（生读）

师：你能用这样的方式，把这几个时刻记录下来吗？拿出学习任务单（二），写在对应的横线上。

生独立完成。师选一生作品，在实物投影仪下展示。

师：和他一样吗？不一样的孩子，请改过来。

四、练习（联系生活经验认时间）

师：刚才，大家描述并记录了李老师课前的行踪，这是小明一天中的几个活动情况，李老师把它们按先后顺序摆出来，看一看，他在做什么？（贴小明图）

生：上学、上课、做操、踢球。

师：这是4个钟面，分别表示小明做这几件事的时间。你会认吗？（贴钟面图）

谁能把小明上学的时间找出来，贴在图片的下面？

请一生上台选择钟面放在合适的位置。

师：同意吗？小明上学是什么时候？（板书：7：45）

师：小明上课的时间呢？做操？

分别请一生上台操作。板书时间。

师：小明最后一项活动是——踢球，是什么时候？

生答，师移动钟面并板书。

师：现在，谁能把小明一天中的几个活动情况连起来说一说？小明早上什么时候上学？什么时候……？（请一生说）

师：说得真好！你们现在不仅会认时间，还能和生活中的事件联系起来，真是了不起！掌声鼓励自己。

五、钟表历史介绍

师：孩子们，钟表在我们的日常生活中，常见吗？但是在钟表发明以前，人们又是怎样来度量和表示无声又无形的时间的呢？让我们一起来了解一下吧。(PPT 播放)

(在古代，原始人白天到外面去打猎，晚上回到居住的山洞里休息，他们只知道用日和夜来表示时间。后来，人们利用测太阳投射影子的方法来确定时间，利用滴水和漏沙的方法来计算时间。再后来，人们发明了钟表，计时就越来越准确了。)

师：人类的智慧真是无穷的！说不定以后，在座的同学们还能发明出更科学、更简洁的钟表。有信心吗？

六、小结留疑

师：好，孩子们，我们这节课从 8：30 开始，上到了现在（师说出现在的时刻)，已经上了 30 多分钟了，你有了哪些收获？

生汇报：(两生)。

师指板书：我们明白了时针和分针转动的规律，那秒针的转动又有怎样的规律呢？这就是我们下节课要接着研究的问题。

和你们共度的这 40 分钟非常愉快，谢谢孩子们！下课。

板书设计

认识钟面和时间

针：时针、分针、秒针

数：1～12

格：12 大格　60 小格

1 时＝60 分

重叠问题

阳艳霞

教材分析

本节课以生活中较为常见的重叠现象为载体，让学生借助已有的生活和学习经验自主构建韦恩图这一数学模型来表示两个具有重叠现象的数量，并利用该数学模型解决和解释一些简单的实际问题。在此过程中，让学生初步体会、感悟集合的有关思想和方法，积累一些利用集合的思想方法来思考和解决简单问题的经验。具体来说，教材首先呈现“三·一班参加跳绳的有 8 人，参加踢毽的有 9 人，可是参加这两项比赛的合起来没有 17 人。”这一问题情境，激发学生的认知冲突；然后让学生在构建韦恩图的过程中逐步理解图中各部分的含义，感受集合图的分类解析功能和语言转译功能；最后让学生通过韦恩图的帮助列式解决生活中的问题并给予解释，使他们积累一些用集合的思想去分析、解决实际问题的经验，初步形成用集合的思想去分析、解决问题的能力。

学情分析

对三年级的学生而言，集合思想既熟悉又陌生。说它熟悉，是因为从一开始学习数学，其实就已经在运用集合的思想方法了。例如，学生在学习数数时，把 8 朵花用一条封闭的曲线圈起来表示；在认识图形的教学中，也常常把形状相同的图形用一个大圆圈起来表示；学生进行的各种分类活动，也无不蕴含着集合思想的原型。说它陌生，是因为学生此前接触的是单个的集合，而本节课要用韦恩图表示具有重叠现象的两个集合之间的关系，这是学生的困惑所在，也是教学中需要着力之所在。另外，对韦恩图各部分的含义，学生只是无意识地形成了某些零星感觉，缺乏主动、充分的感知。因此，对韦恩图各部分含义的理解也应成为课堂教学的关注点。但由于集合理论属于比较系统、抽象的数学思想方法，本课中，只是让学生通过生活中容易理解的题材初步体会这种思想方法，为后继学习打下必要的基础。

教学目标

1. 在解决重叠问题的过程中，经历韦恩图的产生，体会韦恩图在研究过程中表达信息、分析数量关系中的作用，理解韦恩图各部分的含义。

2. 学会借助韦恩图，运用集合的思想方法思考和解决简单的重叠问题。

3. 让学生经历思考重叠问题解决的过程，积累解决此类问题的思维经验，发展思维。

教学重点

经历韦恩图的产生过程，通过分析韦恩图的含义，借助直观图运用集合的思想方法解决简单的重叠问题。

教学难点

经历韦恩图的产生过程 ，借助直观图运用集合的思想方法解决简单的重叠问题。

教学过程

一、制造矛盾冲突，感受重叠现象

1. 呈现问题。

亲子运动会上二·六班参加跑步的有 7 人，参加拍球的有 6 人。参加这两项比赛的一共有几人？你是怎么想的？

生：13 人，6+7=13。

2. 感受重叠现象。

师：看看这些名单，有没有不同意见？

生：有人两项都参加。

师：两项都参加了，是什么意思？

生：××既参加了跑步，又参加了拍球。

（板书：既……又……）。

师：像这种既参加跑步又参加拍球的现象，数学上叫作重叠。（板书：重叠）

二、独立探究，体验过程

请学生尝试按要求表示出上题中参加跑步和拍球的人员情况。（渗透同一

集合中的元素具有互异性）

师：如果这些人每人只有 1 张姓名卡片，你能根据你的经验，表示出他们参加跑步和拍球的情况吗？

学生在任务单一上摆放姓名卡片表示他们参加跑步和拍球的情况。

师巡视、指导，搜集全班交流的资源。

三、互动交流，建构模型

1. 教师呈现错误资源，组织学生评价、交流，对既参加跑步又参加拍球同学的表示方式初步达成一致意见。

师：有同学是这样表示的，认真看看，你有什么想对他说的？

生：不对，这样的话，参加跑步的就不是 7 人了。

师：既然放这儿不行，那就放这儿吧。（将姓名卡片放到另一阵营）

生：也不行，这样参加拍球的人数就不对了。

师：那你觉得这两张卡究竟应该在哪儿放？为什么？

生：放中间，因为两人两项都参加了

2. 引导学生认识只参加跑步和只参加拍球的情况。

师：（指左边）那这些人表示？

生：只参加跑步的人

师：那这 4 人呢？

生：只参加拍球的人

3. 通过请学生寻找参加跑步和参加拍球的人员，促使他们自主构建韦恩图数学模型。

师：参加跑步的人在哪儿？

生用手指。

师：看清楚了吗？可你手拿开后，我们就看不到了啊！能不能想个办法？

生圈。

师：大家觉得这个办法怎么样？好在哪儿？

生：清楚地表示出参加跑步的都有哪些人。

师：参加拍球的在哪儿？谁来把它表示出来？

4. 组织学生体会韦恩图在表示重叠现象时的好处，进一步认识图中各部分的含义。

师：经过咱们这一圈，和刚才比（指原来没圈的图）有什么感觉呢？

生：更清楚了。

师：（指圈）那这个圈表示什么？这个呢？

学生解释两个大圈以及中间部分表示的含义

5. 揭示模型名称，学生修改、完善各自的韦恩图。

师：这就是我们数学上表示重叠情况时常用的一种办法，是大数学家韦恩发明的，所以叫作韦恩图。

师：和这种想法一样的请举手，真了不起！要是你们早出生几百年，这个图就该改名字了。不过现在也不算晚，给大家一点时间，把有问题的调整一下。

学生修改、完善自己的韦恩图。

四、运用模型，解决问题

1. 完善课开始的题目信息。

师：从韦恩图上我们能清楚地看出题中的信息“参加跑步的有 7 人，参加拍球的有 5 人”，还能看出两项都参加的有 2 人。现在你能不能列式解决究竟有几人参加比赛这个问题？

师：完成一种列式的孩子可以想想是否有其他的列式方法。

生列式解答。

2. 汇报、交流算式的意思。

教师选取学生资源。

学生板书算式 7+6—2　5+2+4。

师：结合今天学的韦恩图，说说自己列式的想法。

生解读算式。

师借助标注不同阴影的办法，重点引导学生弄清 7+6－2 这种方法中，为什么要－2 的原因。

五、回顾研究过程，固化经验

师：大家回头看看这节课的研究过程，我们一开始解决有多少人参加比赛这个问题时，发现用 7+6=13 没办法解决，究竟什么原因呢？（有重叠），面对重叠这种问题时，是借助（韦恩图）帮助我们分析并解决了问题。

六、解释应用，拓展提高

1. 学校生物小组在研究下面这些动物时按会飞的和会游泳的进行归类整理，可以用韦恩图解决吗？为什么？

把下面动物的序号填在合适的圈里

会游泳的　会飞的

生：可以，因为有重叠。

独立填写韦恩图，教师展示学生作品，呈现电脑上的答案全班订正。

初步渗透同一集合中的元素具有无序性和确定性。

2. 出示练习第五题。

师：看到这幅图，你马上能想到什么？

同学们到动物园游玩，参观熊猫馆的有 25 人，参观大象馆的有 30 人，两个馆都参观的有 18 人。

（1）填写右边的图。

（2）去动物园的一共有（　　）人。

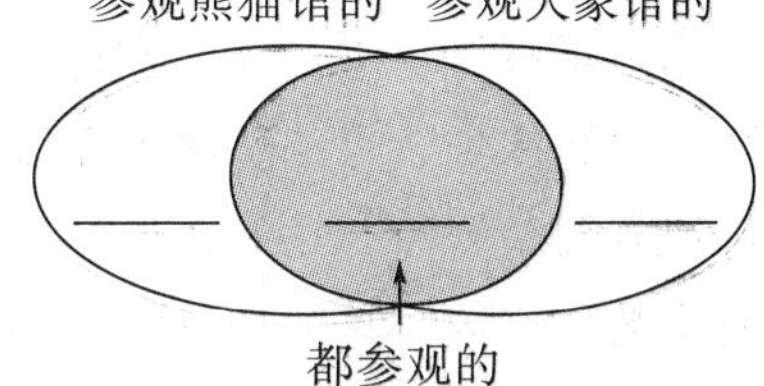

生口答。

七、小结收获，沟通联系

师：课上到现在，你有什么收获？

生谈收获。

PPT 出示以前的学习中遇到过的类似例子。

八、课外延伸，放飞思维

三个彼此有重叠现象的量，又应该用怎样的图来表示呢？

板书设计

重叠问题

参加跑步　参加拍球

重　叠

（既……又……）

韦恩图

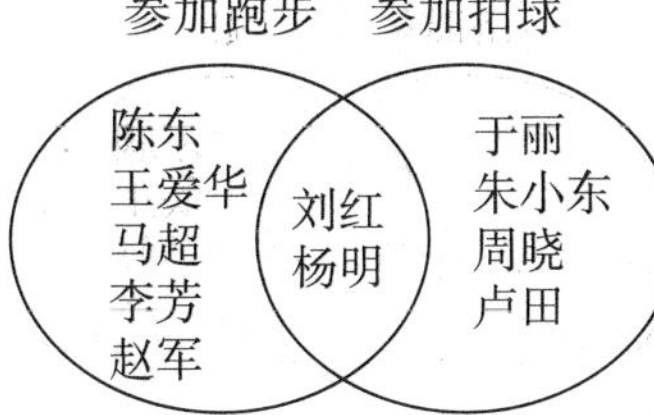

6+7—2=11（人）

倒　数

董　自

教材分析

倒数，是推论分数除法法则的基础概念，倒数这一概念的教学，既要从概念的本质属性着手，又要在运算中体现内在逻辑关系。倒数最早的使用源于分数，单纯从分数除法法则的角度来看，描述倒数为“交换分子、分母的位置，即原分数的倒数”是形式上的定义。但是，数的运算除了涉及到分数以外，还有小数、整数等其他的数域。而且，在运算技能上，人们为了使计算简洁、明了，也常常将除法转化为乘法来计算。因此将倒数的概念描述为“两个数的乘积是 1，这两个数互为倒数”，更有利于学生对倒数这一概念本质的把握和灵活运用。

学情分析

学生已经掌握了分数乘法的计算方法，也能根据倒数概念的称谓推断出找一个分数的倒数的方法。但正是这样的认识，容易使他们对倒数的理解流于形式，在找小数和整数的倒数时出现问题。所以学生更需要从倒数概念的本质入手，围绕“乘积是 1”展开，在经历倒数概念学习的过程中，了解概念学习的一般过程——是什么？为什么是这样？一定是这样吗？使他们在对倒数概念的内涵和外延建立起丰富感知的同时，感受到概念抽象背后的生动、合情与合理，进而掌握科学认识事物的方法。

教学目标

1. 学生在计算、比较、观察等数学活动中，发现倒数的特征并理解倒数的意义，掌握求一个数的倒数的方法，能熟练地求出一个数的倒数；

2. 通过让学生经历倒数概念的形成过程，提高他们观察比较、归纳概括和灵活运用知识解决问题的能力，感受倒数概念抽象背后的合情与合理；

3. 培养学生独立的思考能力和勇于探索的精神，帮助他们初步掌握科学的研究方式，逐渐养成理性、辩证地看待研究结论的意识和习惯。

教学重点

理解倒数的意义，会求一个数的倒数。

教学难点

结合图形感悟倒数对于分数乘除法而言，不是形式上的关联，而是分数乘除法互换中出现的内在必然。

教学过程

一、计算引入，感知特点

师：前面大家学习了分数乘法，学得怎么样呢？我们来检验一下吧。

下面几个数中，哪两个数的乘积是1？（$\frac{3}{8}$，0.25，$\frac{5}{4}$，$\frac{1}{10}$，10，$\frac{4}{5}$，4，$\frac{8}{3}$）

师：谁来说说你找到的？（板书算式：$\frac{5}{4}\times\frac{4}{5}=1$　$\frac{3}{8}\times\frac{8}{3}=1$　$\frac{1}{10}\times10=1$　$0.25\times4=1$）

师：谁能再写一些两个数相乘，积为1的算式？这样的算式写得完吗？

二、形神结合，理解意义

1. 初识倒数——倒数是什么。

师：看来乘积为1的两个数还真不少！谁知道数学上是怎么表示这些乘积为1的两个数之间的关系的？(倒数)

师：你从哪儿知道的？数学书上是怎么说的呢？请大家阅读课本24页读一读前面一段话。

学生阅读，师相机引导："古人常说，不动笔墨不读书，边读边勾画出重要的地方，可以提高学习的效率。"生简述书上概念。

师：这个算式中两个因数之间的关系，我们现在可以怎么表示？（师指黑板上第一个分数相乘的算式$\frac{5}{4}\times\frac{4}{5}=1$）如果请你用一句话来表示0.25和4这

两个数之间的关系，你怎么说？理由是什么？（师指小数相乘的算式 0.25×4=1）

师：通过看书学习，我们知道了乘积为 1 的两个数互为倒数。（板书课题：倒数）对这个问题，大家还有什么不明白的地方？

师：在这句话中，有个词语非常重要，就是——（互为），谁来说说，什么叫“互为倒数”？

学生理解“互为倒数”必须对两个数而言，一个是另一个的倒数，反之亦然，是描述两数间的一种关系。

2. 再识倒数——倒数名称的由来及其合理性。

师：我们在学习时，不仅要知道是什么，（板书：是什么）还应该去思考为什么是这样？（板书：为什么）数学上，为什么把乘积为 1 的两个数称作互为倒数而不叫别的什么呢？（师板书：互为倒数）

①横向观察：师引导学生将小数、整数也转化为分数，得出结论：分子、分母交换。师板书。

②纵向观察：师手势加语言提示，引导学生得出结论并验证：一个数变大，另一个数就变小。师板书：↑ ↓ =。

小结：有了这些发现，现在你觉得倒数这个名称起得怎么样？好在哪里？（形式颠倒，大小倒个儿）

师：正像大家所言，一个“倒”字既生动形象又简洁明了地概括了我们所观察到的这些规律。

三、明晰内涵，深化外延

1. 小试身手。

师：刚才我们初步认识了具有倒数关系的两个数的特点，如果只给出其中一个，你能找到它的另一个伙伴吗？试试看。

$\frac{3}{5}$的倒数是（　　）　　$\frac{5}{2}$的倒数是（　　）　　$\frac{1}{9}$的倒数是（　　）

6 的倒数是（　　）　　0.75 的倒数是（　　）

学生先独立思考，然后抽生依次说出其倒数，师选其中的 1、3、4、5 小题请学生说想法。

2. 难点探究。

说出下面各数的倒数：

1　　　0.125　　　$1\frac{2}{5}$

先请学生说出其倒数，再同桌交流，最后抽代表汇报小组同学的想法。

①1 的倒数是 1，因为 1 乘 1 等于 1。

②0.125 的倒数是 8，因为 0.125 乘 8 等于 1。

0.125 等于$\frac{1}{8}$，把$\frac{1}{8}$的分子分母交换位置就得到$\frac{8}{1}$，也就是 8。

③生 1：$1\frac{2}{5}$的倒数是$1\frac{5}{2}$，因为把$\frac{2}{5}$的分子分母交换是$\frac{5}{2}$。

生 2：$1\frac{2}{5}$的倒数是$\frac{5}{7}$，因为$1\frac{2}{5}$化成假分数是$\frac{7}{5}$，$\frac{7}{5}$的分子分母交换位置就得到$\frac{5}{7}$，所以$1\frac{2}{5}$的倒数是$\frac{5}{7}$。

师：现在关于$1\frac{2}{5}$的倒数，有两种不同的意见，请你想一想，这两种意见的分歧在什么地方?

生独立思考，同桌小声交流。

师：两种方法都用到了分子分母交换，那究竟谁才是$1\frac{2}{5}$真正的倒数呢?你有什么好办法?（学生根据倒数的意义寻找验证方法。）

师：大家的掌声已经说明了一切。请自己找出$1\frac{2}{5}$的倒数。

小结：很好，请大家回头看看咱们刚才找这三个数的倒数的过程（学生看、想前面找倒数的方法）。

师：现在对于找一个数的倒数，你有什么想说的?

学生汇报找一个数的倒数的方法。

3. 归纳提升。

逐一出示：0，a，学生找它们的倒数，并交流自己的想法。

重点在让学生明确 0 为什么没有倒数的理由和 a 的倒数的表示方式和范围。

师：除了 0，大家用不同方法都找到了倒数。这让我想起了一句老话——条条大道通罗马！所以学习中遇到困难不要轻言放弃，换种办法也许就成功了。

四、举一反三，提升拓展

1. 利用倒数的知识解决问题。

$\frac{3}{10}$×（　　）=1　　　7×（　　）=1　　　$\frac{9}{5}$×（　　）=1

$1\div0.25=$（　　）　　$1\div\frac{1}{6}=$　　　　$1\div\frac{9}{10}=$

2. 数形结合看倒数。

①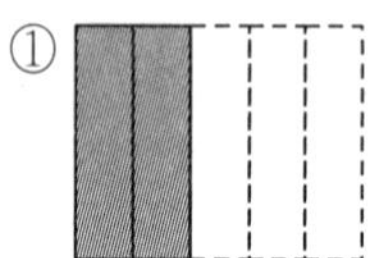

师：这是$\frac{2}{5}$，你能画出图形来表示它的$\frac{5}{2}$吗？

生动手尝试，发现$\frac{2}{5}$的$\frac{5}{2}$正好是单位“1”，进一步体会倒数就是乘积为1的两个数。

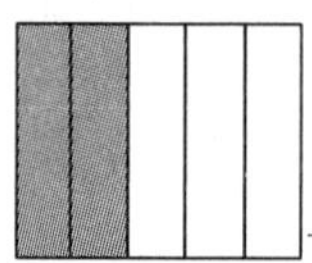

$\frac{2}{5}$的$\frac{5}{2}$就是“1”

②请用分数表示图形整体与阴影部分的关系。

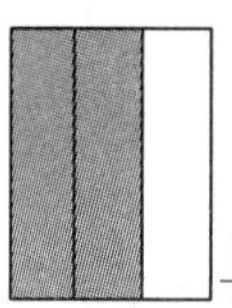

$\frac{2}{3}$和$\frac{3}{2}$

师：你发现同一幅图所表示的两个分数有什么关系？

生：互为倒数。

师：不可思议吧，互为倒数的两个数和谐地相处在同一个图形的整体和部分的关系中。

3. 转换单位“1”，沟通分数乘除法内在联系。

出示下图，请学生填空。

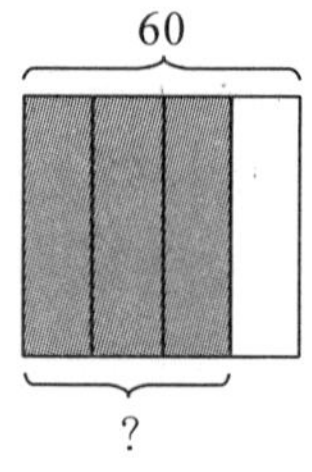

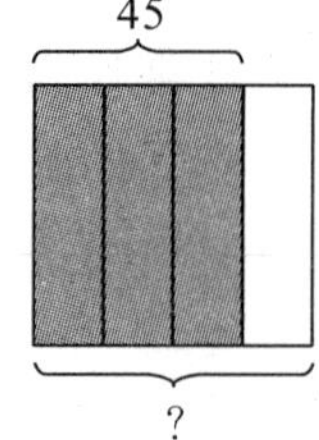

60的（$\frac{3}{4}$）是多少。　　　45的（$\frac{4}{3}$）是多少。

师：仔细观察这两幅图，你发现了什么？

引导学生发现，同样的两幅图，如果选择不同的量作为单位“1”，就会出现互为倒数的两个数。

五、课堂小结，强化认知

1. 师：回顾一下我们这节课学习的内容，你有哪些收获？

请你用一句话来说说什么是倒数。

生说师板书：两个数 乘积为 1

师：还有哪些收获？

生：找倒数的方法。（引导学生结合不同类型的数来说，最后形成一个普适性的方法）

2. 师：我们今天不仅学到了倒数的有关知识，还学习了认识事物的方法：先知道是什么；然后弄清为什么是这样；最后还要思考：一定是这样吗？（师板书：一定这样？）

师：问问自己，乘积为 1 的两个数一定互为倒数吗？

生独立思考，同桌交流。（引导学生用概念、举反例、字母表达等方式来说明）

师：现在你能回答第三个问题吗？（师：一定这样？生：一定这样！）

六、数学天地　思考无限

师：这节课大家表现都很棒，奖励大家看一个更加神奇的图形。

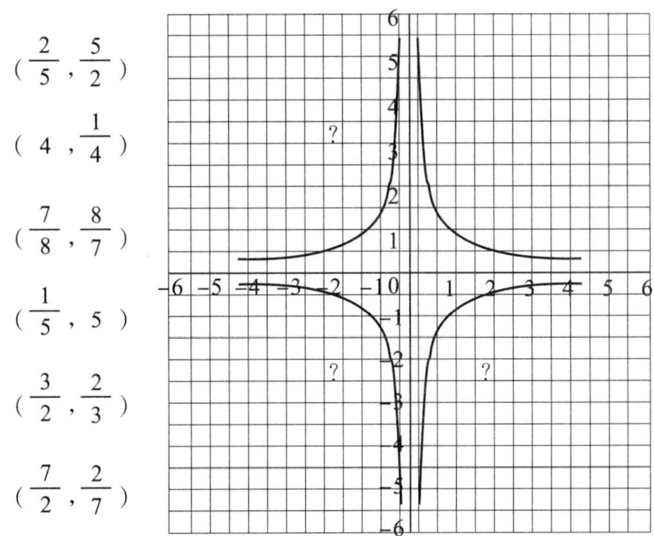

这是 6 组互为倒数的两个数，如果我们把每一组看作一个数对，那么每一

个都可以在这样的图上确定一个位置。（出示坐标和描点）把这些点平滑地连接起来，就得到这样一条曲线。

师：随着负数的加入，利用对称的知识，我们还可以得到这样三条曲线。（出示）这三条曲线中谁跟原来这条曲线具有相同的特点呢？有兴趣的同学可以下来研究。

板书设计

倒　数

$\frac{5}{4}\times\frac{4}{5}=1$　$\frac{3}{8}\times\frac{8}{3}=1$　$\frac{1}{10}\times10=1$　$0.25\times4=1$　……是什么

乘积是 1 的两个数互为倒数　　为什么

互为倒数的两个数乘积一定是 1　　怎么样

整、小、分数—化—真（假）分数—转—分子、分母交换位置

什么是面积

林　佳

教材分析

本节课是在教学了长、正方形的特征及周长的基础上进行的，是从一维的长度到二维的面积，是空间观念发展的一次飞跃。第一次接触面积这个概念，为了让学生更直观地认识、理解面积的含义，教材安排了三个不同层次的实践活动：一是借助学生熟悉的事物，结合三个比大小的具体实例，让学生获得对面积的感性认识，从而抽象出面积的概念；二是进行比较两个图形面积大小的实践操作，加深学生对“面积”概念中“大小”的理解，并在经历拼摆和选择的过程中体验到用正方形进行测量、比较图形面积的合理性，为后面学习面积单位做好铺垫；三是通过在方格纸上画出面积相同但形状不同的图形的活动，加深学生对面积含义的理解，体验面积相同的图形可以有不同的形状这个数学事实。

从后续学习来看，比较图形面积、基本平面图形的面积计算、组合图形的面积以及立体图形的表面积等都将以本节课的概念理解为支撑，所以本节课的学习内容和研究方法对学生在空间与几何领域的学习具有十分重要的作用。

学情分析

对于面积的学习学生是有需求的，很多学生已经知道“面积”这个词语，更有一些学生已经知道计算长方形、正方形面积的方法，但对面积的含义并不能说清楚。要建立起清晰的“面积”概念还比较困难，很容易将“面积”与“周长”混淆。

充分利用学习任务单所具有的优势，设计开放性的问题，调动每一位学生已有的认知经验。暴露认知障碍，这节课在教学中充分联系学生的生活经验，设计“看一看”“摸一摸”“想一想”等活动，促使学生关注“面”以及面的“大小”，积累丰富的感性经验，从而理解面积的概念。学生之前对“面积”的认识是不够全面、深刻的，不是只有向上的“面”才有面积，侧面也有大小，这就是侧面的面积；还有面积不是只有平的面才有，曲面也有面积，剥开橘子皮让学生感受到曲面也有面积；面积也不是只有规则图形中有，不规则图形也有面积，比如手掌印就是不规则图形，但是仍然有大小。通过大量举实例的活动，避免学生死记硬背概念，而是对面积概念真正地理解，让学生全面、深刻地多角度对“面积”概念要素进行感受与理解。

基于以上认识，本节课制定的教学目标如下：

教学目标

1. 结合学生熟悉的实例，理解“什么是面积”；经历比较图形面积大小的过程，加深学生对“面积”概念中“大小”的理解。

2. 采用多种方式抽象出面积的概念；合作、讨论、交流、体验感受比较面积大小的策略，经历拼摆和选择的过程，加深学生对“面积”概念中“大小”的理解；通过动手操作、观察、比较，提高解决问题的能力。

3. 体验数学来源于自己对生活中各种事物的认识；在动手操作和合作探究学习中让学生感受到独立思考、合作探究带来的成就感，有兴趣、有信心地学习数学。

教学重点

理解面积的概念，发展空间观念。

教学难点

1. 从一维的长度到二维的面积，正确清晰地建立面积概念；

2. 经历比较图形面积大小的过程，加深学生对“面积”概念中“大小”的理解。

教学过程

一、谈话引入，唤起学生丰富的感性经验

1. “面”在哪儿？

师：今天我们要研究“什么是面积”。(指课题)

课前通过学习任务单，林老师发现大家还有这样或那样的困惑，(PPT 呈现）看通过今天的学习研究能不能解决你们的困惑。

生：看课前的困惑。

师：我们已经在身边的物体上找了一些面，谁和我们分享分享。

生：课桌面。

生：黑板面。

生：数学书封面。

……

师说明：刚才我们找的这些“面”都是物体的表面。（板书：物体的表面）

二、借助学生经验、让学生充分体验、创设冲突，抽象出“面积”概念

1. 认识物体表面有大小。

（1）摸一摸，认识面。

师：我们一起来摸一摸数学书封面。

生摸数学书的封面。

师：谁来让大家看一看你是怎么摸的？

生演示。

师：课件呈现数学书封面。（整个）喔，我们要摸数学书的封面就应该摸整个这个部分。

请你再次仔仔细细、完完整整地摸一摸数学书封面。

生再摸数学书封面。

师：带着这种感觉摸一摸课桌桌面。

师：根据刚才摸数学书封面、课桌桌面的感受，想象着摸一摸这间教室的地面、学校操场面……

（2）比一比，知大小。

师：（出任务单）课前大家找了两个面比较了它们的大小，谁来把你比较的结果说一说？

生充分体验物体表面有大有小。

（3）师：那数学书封面和语文书封面比呢？

学生汇报。

生：数学书封面和语文书封面一样大。

生：重叠后数学书封面和语文书封面完全重合。

（4）师：林老师这里还有一个有点儿特别的面——想看吗？（手掌面）手掌面有大小吗？

生：手掌面的大小就是手掌面的面积。

(5) 师小结：通过前面的研究，我们发现物体的表面都是有大小的，(板书：大小)，这个大小就是它们的面积。

2. 认识封闭图形的大小。

(1) 研究了生活中物体表面的面积，我们再来看看数学中的平面图形。

师：(出任务单) 你能指出这些图形的大小吗？能指出来的请用彩色笔表示出来，不能指出来的请说明理由。

师：我们给这个图形（没有封口的）也来涂色，闭上眼睛想一想涂出来会是什么样的，想好了吗？为什么会出现这种情况呢？(PPT 出示：溢出的样子)

生自由说自己的想法。

生：发现没有封口的图形涂色会溢出来。

师：这类图形的大小不能确定，今天我们暂时不研究。像这类大小能确定的图形（PPT 隐去没有封口的图形）数学上叫作封闭图形。(板书：封闭图形)

师：这些封闭图形的大小就是它们的面积。

3. 抽象面积概念。

师：谁能说说什么是面积？

生尝试描述。

师板书：物体的表面

或　表面的大小就是它们的面积。

三、经历比较图形大小的过程，加深学生对面积概念中“大小”的理解

1. 制造矛盾，引发思考。(PPT 出示：面积差不多大的一个正方形和一个长方形)

师：这个正方形和长方形，谁的面积大一些呢？

生通过观察，结论不一致。

师：意见不统一了。怎么办呢？看来，得想办法来比一比这两个图形的面积。怎么比呢？

(课件演示) 淘气通过测量发现把每个图形每边长度加起来都是 24cm，于是他说两个图形面积相等。

生：他比的是周长，面积不是周长。

2. 师：咱们来动动手比一比。

活动要求：

(1) 小组成员合作探究。

(2) 在小组内说一说：①用了什么工具?

②怎么比的?

③比的结果怎样?

生选取材料动手操作、合作探究，寻找新的有效的比较方法。

3. 汇报。(板书)

学生汇报、展示、交流。

(1) 剪拼。

(2) 摆方格。

4. 加深学生对“面积”概念中“大小”的理解。

借用学生贴好方格的正方形、长方形。

通过摆方格，我们比出了正方形的面积比长方形的面积大。

四、解释应用，深化认识

1. 解决课前学生的困惑。(出任务单)

生交流。

2. (PPT 出示) 画两个面积都等于 5 个方格那么大的图形。(出任务单)

学生画图。

师：你发现这两幅图有什么相同和不同?(面积相同，图形的形状可能不同)

生观察、发现：图形的形状不同，但面积大小都是 5 个方格那么大。

3. 游戏——猜面积。(方格数不同，但是面积的大小相同)

师：猜一猜，是男生看到的图形面积大，还是女生看到的图形面积大?

生：参与并猜测，引发认知冲突。

师：看来，测量的标准不统一，会造成不必要的麻烦，这个问题怎么解决呢，这就是我们后面要继续研究的内容。

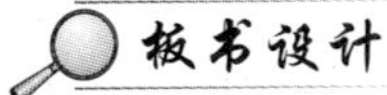

什么是面积

物体的表面

或　表面的大小就是它们的面积。数 {(1) 剪拼；(2) 摆硬币；(3) 贴/画方格—铺满}

封闭图形

圆柱体积变化规律

戴德森

教材分析

本课内容是十二册教材中的一道实践练习题。本课堂设计旨在具体操作、记录、整理、分析，促使学生对圆柱体积、底面积、侧面积、底面周长、高等各部分之间的关系进行深入思考，拓宽学生的研究方法和方向，激发学生的学习兴趣和探究欲望，发展学生自主探究能力。

学情分析

本课是第十二册数学教材中的一个实践活动课，教材呈现的是一个卷、剪、拼的活动，并在一张表格上记录周长、半径、高、侧面积、体积。从知识目标来看，本课学生具备的基本知识储备足够满足活动需要；学生在本课学习之前已经掌握了圆的周长、半径、面积之间的关系和变化规律；掌握了圆柱表面积和体积相关知识；掌握了圆柱展开与折叠的一般变化规律。已具备一定的数据收集、整理、分析的能力。从能力目标来看，对完成知识目标所需要的能力学生是完全具备的，但这些能力可能散落在学生的个体能力体系中，由于缺少专项的教学活动对这些能力进行梳理和归类，造成很多学生在实际解决问题的过程中无法调取有效的策略和方案进行研究分析，因此，能力目标反而是教学过程需要强调的。从情感目标来看，学生在经历六年的数学学习过程后一部分学生会对数学的学习产生倦怠，甚至迷茫。我一直努力在数学教学中寻找合适的契机对学生出现的这类问题进行有效的干预，重新点燃学生对数学的学习热情，通过更“有趣”的教学活动，促进学生在课堂中的深度学习和研究。而本课的出现正符合这些情形：轻知识、强能力、重情感！当然一课的研究无法完成这么一个“巨大”的构想，但“再遥远的梦想，只要能够开始，一步一步努力下去，总有实现的可能！”

教学目标

1. 通过“用长方形纸卷圆柱形”的探索活动，引导学生应用所学的圆柱表面积和体积的知识，并经历探索规律的过程。

2. 体会研究中变量与不变量对研究结果的影响。

3. 发展学生猜想、验证、归纳等数学实验能力，树立科学的探究精神。

教学重点

经历探索规律的过程，发展学生猜想、验证、归纳等数学实验能力。

教学难点

根据实践活动中积累的基本数据进行猜想，并通过想象、计算等方法进行验证。

教学过程

一、情境导入，激发探究欲望

1. 师：两千多年前古希腊的一位著名物理学家说“给我一个支点，我就能撬动整个地球!”。深刻阐述了物理学重要的“杠杆原理”。由此，极大地方便了整个人类的生产和生活，推动了世界科学前进了一大步！两千多年后，又出现了一句同样深刻的话，一起看一看！

PPT 出示：“给我一张小纸片，我就可以装下整个世界!”

师：知道是谁说的吗?

师：你觉得这句话靠谱吗？有哪些地方不靠谱?

预设学生问题（1）平面图形无法装东西。

引导学生提出解决方案：把平面变成立体图形，通过折、卷等变成长方体、圆柱体等。设定本课研究方向：卷成圆柱不考虑底面。

预设学生问题（2）这张纸得多大?

引导学生猜想纸的大小后，师：我给大家准备了一张足够“大”的纸！

师出示准备好的长方形小纸片（无数据)。(预想学生可能会难以置信。)

2. 师：理想虽然遥远，但一步一步努力下去总有实现的可能！我决定了，接下来的时间，我负责为大家准备材料，大家付出智慧，我们一起来实现这个伟大的梦想：装下整个世界。

二、动手操作，实践探究

1. 活动一：直接把长方形纸片卷成圆柱的体积研究。

（1）师：这张纸卷成圆柱，可以怎么卷？生示范卷曲方向。

师根据学生回答出示卷好的圆柱。问：猜一猜，这两个圆柱谁更能装？

（2）实验操作，明确体积大小的意义。

师：猜想还是有些不靠谱，我们可以试试装一装。

动手实验：把圆柱底面固定，再将准备好的盐倒入两个圆柱内。

实验过程：（1）当圆柱未装满时叫停。问：现在可以了吗？

（2）当圆柱装满后不要停，让盐突出于圆柱底面。问：可以了吗？

（3）计算操作，明确数据分析的准确性和重要意义。

①师：看来还是这种卷法（指1号圆柱）更能“装”。究竟多能“装”看得出来不？怎么办？

②PPT给定纸片长（16cm）与宽（4cm）的数据，提出记录要求，独立计算并完成学习单的记录。

③汇报结果，展示结果。PPT

编号	半径	底面周长	高	侧面积	体积
1	$2/\pi$	4	16	64	$64/\pi$
2	$8/\pi$	16	4	64	$256/\pi$

（4）关注变量和不变量。

师：观察得到的图形和数据，有什么想法？（大范围问题，学生能说多少说多少，主要引导小朋友关注变量与不变量的关系）

生答略。

2. 活动二：侧面积等积变化，形成的不同圆柱体。

（1）引导学生研究变化策略。

师：看来同一张小纸片卷出来的圆柱体积是不同的。我想有差异是好事，有差异的事物总是有进一步发展的，这个发展可能离我装下世界的梦想越来越远，也可能离梦想越来越近！可就这么玩，这张纸片没其他可能变化了！你有没有办法让这张纸片装下的世界发生点变化？

（2）变一变。

①生答变化方法。（剪）

师：选择一种你觉得合适的剪法为老师的梦想实践吧！

②出示同桌合作要求：

同桌先讨论怎么剪？怎么拼？

合作完成剪拼过程。确定卷曲方向并“想象”圆柱形状。

根据已知信息，完成计算并填写学习单。

③教师巡视合作情况，并适时介入讨论，关注各组完成情况。

（3）同桌汇报。

①师问有哪些不同的结果。生答略。

师小结：所有复杂事物规律的发现总是从简单的情形研究展开的，所以我们先听听剪一次的情况。

②根据学生汇报情况，依次呈现卷成的③④⑤号圆柱，并呈现表格数据。

图形：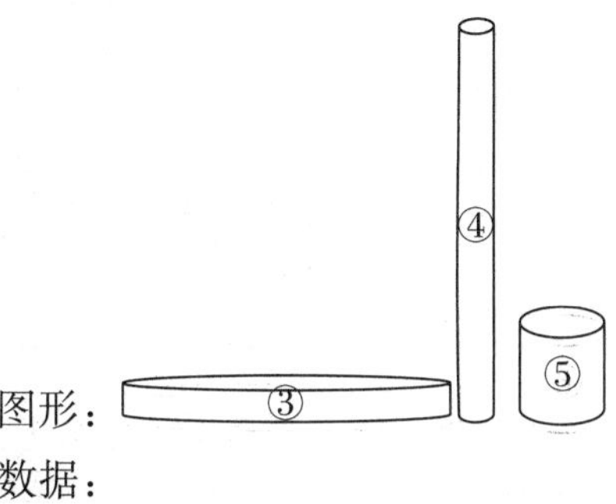

数据：

编号	半径	底面周长	高	侧面积	体积
③	1/π	2	32	64	32/π
④	16/π	32	2	64	512/π
⑤	4/π	8	8	64	128/π

（4）整理数据，发现规律。

①整理图形。

师：通过大家一起动手操作、观察想象、计算梳理我们得到这么多的图形和数据。但无论是哪一种情况离我的梦想“装下整个世界”都还差得很远哩！但数学的魅力就在于此：动手操作无法完成时，我们可以尝试通过已知的信息找到一种准确的规律来推测未来可能发生的情形！但零乱无序的信息是无法帮助我们找规律的，谁来整理一下图形！

生整理图形如下：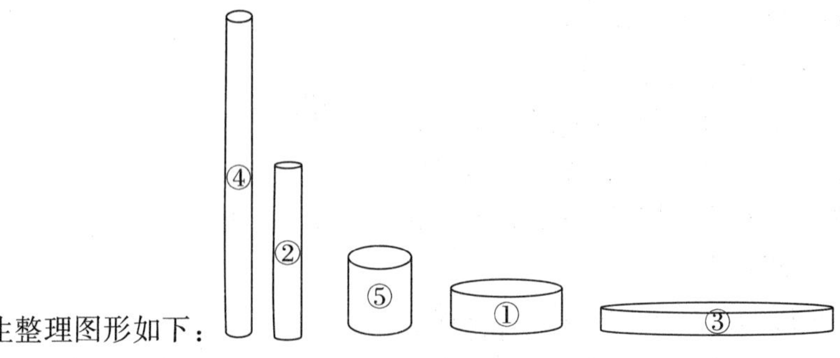

②根据学生整理情况调整表格数据如下：

编号	半径	底面周长	高	侧面积	体积
③	$1/\pi$	2	32	64	$32/\pi$
①	$2/\pi$	4	16	64	$64/\pi$
⑤	$4/\pi$	8	8	64	$128/\pi$
②	$8/\pi$	16	4	64	$256/\pi$
④	$16/\pi$	32	2	64	$512/\pi$

③分析试验结果，总结规律。（注意引导小朋友从不同角度关注数据结果）

师：仔细观察表格数据，对比图形的形状，你想到了什么？（注意引导学生关注“侧面积一定”）

生：半径越来越小，底面周长越来越大，高越来越小，侧面积不变，体积越来越大。

生：圆柱越是矮胖，体积就越大；圆柱越是细长，体积就越小。

生：侧面积一定，底面周长越大，高的值越小；底面周长越小，高的值越大。

生：底面周长越大，半径就越大，在计算体积时底面积就会越大。

…………

教师根据学生描述总结并板书：

从图形看：侧面积一定，越矮越胖的圆柱，体积就越大。

从数据看：侧面积一定的圆柱，底面周长越长，高就越短，体积就越大。

④验证规律并猜想结论。

师：这些规律是否成立还需要验证一下哦！有没有剪不同次数并有计算结果的？

生答略。

师：想一想，如果继续剪、拼下去，得到的圆柱能否装下整个世界？生答略。

三、课堂小结及课后思考

1. 师：谢谢大家帮我实现了这个梦想。回顾今天的课堂，有没有什么想说的？

生答略。

2. 课堂延伸思考。

师：关于今天的研究，我也有几个问题想与大家分享。

(1) 屏幕出示“更多的思考”（本课研究问题的延伸思考）：一张小纸片“真的”能装下整个世界吗？

老师引导小朋友从图形上观察：如果剪拼的次数再多一些，底面周长越来越大，高就会越来越小（PPT 出示变化过程），当高越来越小时会不会变成一个平面？它又怎么能装下整个世界？

从数据上看（PPT 出示表格继续变化）：当底面周长无限大时，高有没有可能无限小，一个无限大的数与一个无限小的数发生点什么时，结果会是怎样的呢？

(2)“更多的思考”二（研究对象对研究结果的影响）：在侧面积一定的情况下，圆柱体积为什么具有这样的变化规律？

引导学生讨论研究对象的确定：如果在研究中加入“底面面积”后，再对比分析，相信你可以更清楚的解释体积变化的原因！

师：利用这样的研究方法还可研究小纸片变成其他柱状体的情况吗？

(3)“更多的思考”三（不同问题情形对研究方向的影响）：从节约包装材料考虑，本课的研究成果可以为饮料厂家设计合适的圆柱形饮料瓶吗？

引导学生从两个方向关注：①研究方向：这个问题与前面的研究最大的不同是什么？（体积一定的情况下表面积的变化规律）

②研究方法：观察几个体积一定的不同圆柱，找找它们底面大小与侧面大小的关系，有没有可能找到一个最节约材料的底高之比？

四、课堂小结

好了，亲爱的孩子们，欢乐的时光总是那么短暂！最后一段话送给大家。实现梦想的道路千万条，坚持不懈第一条，老师提醒你：通过对一张小小纸片的研究，我们窥探了一个不一样的数学世界。一项数学研究活动的结束并不是真正意义的结束，它会随着我们思考的深入，随着新研究对象的加入，新研究方向、方法的确定，变得更加扑朔迷离，鲜活生动。但，这正是数学的魅力！想要把数学的学习和研究变得更加从容，需要我们更加认真地审视研究的对象，更加谨慎地确定研究的方法、方向。这样，我们就能站得更高，用更大的“视”界去探索数学的秘密！（把课题中的“世”换成“视”）

板书设计

小纸片大世（视）界

侧面积一定

从形状看：越矮越胖的圆柱体积越大。	从数据看：底面周长越长，高就越短，体积就越大。

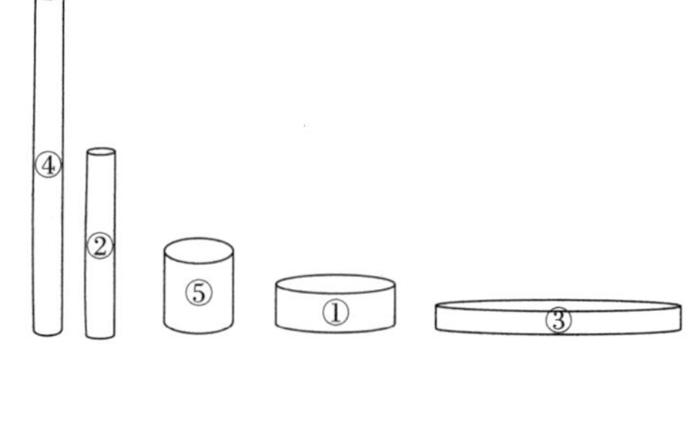

School Sports Day

周丽嘉

教材分析

北师大版五年级英语教材以话题分单元进行教学，本课是以“校运会”为主题进行故事教学，并在前一单元的基础上继续学习一般过去时的一般疑问句形式。

学情分析

五年级学生已具备一定的英语听、说、读的能力，积累了一定的词汇量、句型，对故事的教学方法和流程较熟悉，能在老师的指导下听懂问题并在故事中迅速找到答案从而逐步理清故事脉络，较好地理解故事整体内容。

教学目标

1. 能在动画片的帮助下运用一般疑问句的过去时态进行问答，理清故事大意。

2. 能够运用自然拼读法拼读新单词：first，second，third，congratulations 等。

3. 能听懂故事中的重点对话：

—Did Ken win the race?

—No，he didn't. /Yes，he did.

4. 能在思维导图的帮助下初步阅读并简要复述故事大意。

5. 通过比较学生自己参加的校运会和故事中 Mocky 参加的校运会，让学生产生共情，激发学生对运动的热爱。

教学重点

1. 整体感知故事，理清故事脉络，理解故事内容。

2. 在故事中理解学习并读准单词：race，win，first，second，third，congratulations

3. 复习一般过去时的问句：

—Did Ken win the race?

—Yes，he did. /No，he didn't.

教学难点

1. 一般疑问句的过去时的句式结构及回答。

2. Congratulations 的发音和意思理解。

教学过程

一、Warm up

Sing a song

二、Lead in

T：Let's look at some photos. （PPT 显示：学生去年参加校运动会照片）

T：Where were you?

S：We were at school/on the playground.

T：What did you do?

S：We had a school sports day.

三、Presentation and practice

1. Wathc the story.

T：Look，our friends Ann，Ken，Mocky，they also had a school sports day. Let's watch the story and try to answer the questions：

Did Ken win? Did Ann win?

2. Invite the Ss to answer the questions.

(1) T：What is a race? （PPT 显示：running race，bike race，boat race ）

T：What race did Ken take pert in? Ken take pert in a running race.

(请学生表演跑步比赛场景，一名学生扮演 Ken。)

Ss：Run，Ken，run!

T：Did Ken win the race?（Watch and check the answer）

Ss：No，he didn't.

T：Who was the first/the second/the third?

（老师画出领奖台，请学生根据获奖名次将人物摆上领奖台）（practice to say）

（2）T：What race was Ann in?

Ss：A running race，too.

（请学生表演比赛场景，一名学生扮演 Ann）

Ss：Come on，Ann，run，Ann!

T：Did Ann win the race?（Watch and check the answer）

Ss：No，she didn't.

T：Who was the first/the second/the third?

（请学生上台角色扮演，模拟发奖场景）（practice to say）

（3）T：No prize for Ann and Ken. How does Mocky feel? Is he happy? Please help Mocky. What can he do?

Ss：He can jump high.

（师用图片模拟 Mocky 跳高的场景）

T：Did Mocky win a prize?

Ss：Yes，he did.

Wow，Mocky，you are great!

Mocky won a prize!

Congratulations，Mocky!（体会理解单词 Congratulations）

四、Consolidation

1. Task 1：Retell the story（根据板书呈现的思维导图复述）
2. Task 2：Check the answers（学生小组活动完成学习任务单）

五、Homework.

1. Listen and read the story.（必做）
2. Retell the story.（选做）

板书设计

School Sports Day

Did Ken win the race? Did Ann win the race? Did Mocky win a prize?

No，he didn't. No，she didn't. Yes，he did.

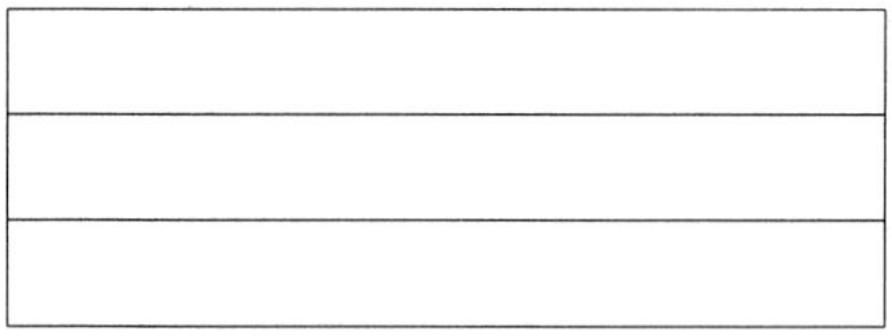

Ken

Ann

Mocky

1 2 3

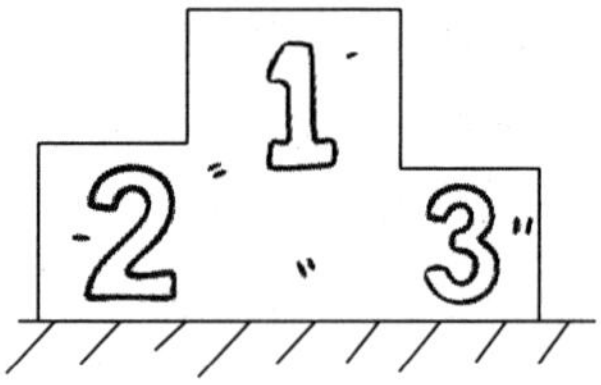

Safety

高　燕

教材分析

本单元的话题是安全，共 7 个课时。本课为第三课时，呈现了 10 条生活中常用的安全规则，并在其中呈现核心功能句型：祈使句“Don't.... It's dangerous. ”以及“Please.... It's safe. ”这些规则还渗透了情感教育：在生活中遵守安全规则，提醒学生提高安全意识。

通过本课的学习，学生能够大致了解生活中常用的安全规则，并能熟练运用所学知识分辨事情是否安全，能否去做。实现从理解语言到实际运用语言的过程。

学情分析

本课所面向的是已有三年英语基础的小学四年级学生，他们已经在三年级时学会使用“I can...”和“I can't”表达什么事情能做，什么事情不能做。而在这节课上，学生会以此为基础，用“Don't...”和“please”来表达什么事情安全可以做，什么事情危险不能做。并且学生经过三年的英语学习，已经具备了一定的英语听、说、读、写的能力，养成了较好的学习习惯，并掌握了一定的自主学习、合作学习的学习策略。

教学目标

1. 语言能力。

学生初步感知祈使句；学生能够运用以下祈使句进行自主表达：（1）Don't.... It's dangerous.（2）Please.... It's safe.

2. 学习能力：

学生采取小组探究合作式的策略，来完成梳理不同场景中濒的安全规则；在以安全为主题的学习中，主动探寻、讨论分享生活中安全的做法和不安全的行为。

3. 思维品质。

在充分解读学校和街道上的安全规则后，学生通过小组探究，梳理出不同场景中的安全规则，并用不同的方式进行表述，实现培养英语多元思维的目标。

4. 文化品格。

通过对书中安全规则的解读，以及各组对于各自场景中安全规则的梳理，让学生了解生活中常见的安全规则，提醒学生遵守安全规则，提高安全意识和自我保护意识。

教学重点

通过解读学校中和街道上的安全规则，熟练运用核心句型：1. Don't.... It's dangerous. 2. Please.... It's safe. 来描述不同情景中的安全规则。

教学难点

学生在了解街道和学校的安全规则后，小组合作梳理，并书写其他场景中遇到的安全规则。

教学过程

一、Warm up

1. Greeting

2. Chant together

T：Now let's sing a song together. And tell me，what rules do you hear in the song.

S：wait for the green light...

T：Yes，you are very good. We have seen the chant together. Let's watch this.

二、Lead in

Watch the video

T：What are they looking at? Can you guess?

三、Presentation

1. Safety rules at school.

T show the rules that the students are looking at.

T: What are these?

S: They are rules.

T: Let's read them together and see what rules they are.

Don't play with fire. It's dangerous.

T: Why can't we play with fire?

S: It's dangerous.

T: What other rules are there? Let's see.

Please play football in the playground.

T: Why should we play football in the playground?

S: Because it's safe.

T: So these rules tell us what is safe and what is dangerous at school. So they are safety rules. Now can you help me put these rules on the right place?

T shows five pictwes of different places at school.

T picks one rule on the black board.

T: Where should we put this rule?

2. Safety rules for the street.

T: These are the rules at school. How about the places out of school? Is there any safety rules?

T: How about the sidewalk? What safety rules can we put here? (Show the pictwre of sidewalk)

S: Please use the sidewalk.

T: Why we should use the sidewalk?

S: Because it's safe.

3. Other safety rules for the street.

T: Except these rules, there are some other rules in the street. Let's take a look at them.

4. Discuss.

T: What other rules do you know in the street? Let's work in groups and discuss what rules you know.

5. Sum up.

T：Let's see the rules for the street we have here.

四、Practice

Do the exercise.

1. Exercise A

T：Very good! You know so many safety rules for the street. Now I have 10 rules here. Can you devide them into two groups? What rules are for school? What rules are for the street?

T：What rules are for the street?

S：... are for the street.

T：How about the rules for school?

S：... are for school.

2. Exercise B

T：You have done that so well. Now can you write down the rules? Let's finish this part. What rules can we put on these two places?

Students do the exercise. And teacher and students check the answers together.

五、Production

1. Discuss.

T：Now we have rules for school and for the street. Do you know any other places that also need the safety rules? Now let's work in groups and discuss.

2. Task

T：Yes. We can see that almost every place needs safety rules. So I need your help. I have some places here. Can you help me put some safety rules on these places?

（将学生分成10个小组，抽取任务，完成4个不同的任务。）

(1) safety rules at home　2 groups

(2) safety rules at the zoo　3 groups

(3) safety rules for sports　3 groups

(4) safety rules for transportation 2 groups

Please write the safety rules on your task work sheets.

六、Consolidation

1. Watch a video about safety.
2. Safety Guide Book.

You can see from the video that we need to obey the safety rules and keep ourselves safe. So today I have a gift for you. My gift is this safety guide book. All of you are the writers. And I hope this safety guide book can help you to keep safe, and remind you following the safety rules in the future.

七、Homework

1. 听读 52 页。 ☆
2. 收集 safety rules，与同学分享。 ☆☆

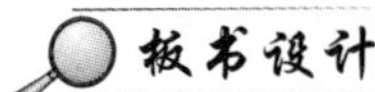

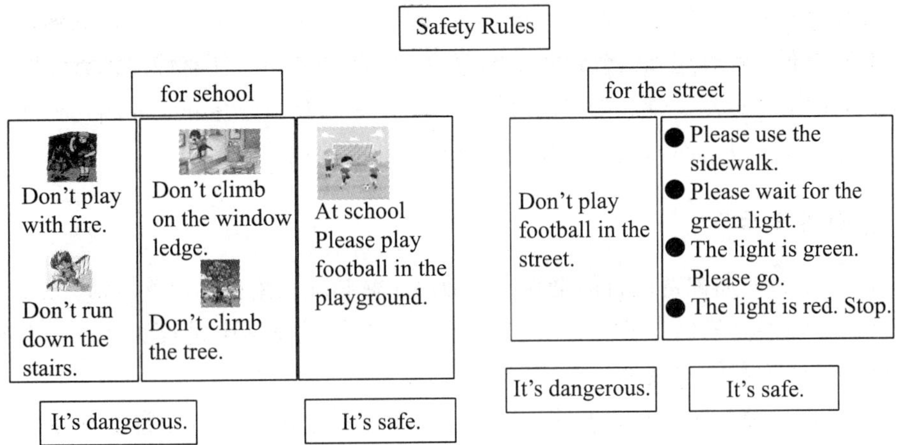

走进非洲

刘　玥

教材分析

“走进非洲”是教科版品德与社会六年级上期第五单元“我们去环球旅行”的第三个主题，本课不仅让学生知道非洲有着不同地域的民族风情、自然景观，生活现状，而且还能够让学生分析其背后产生的原因，拓展知识面。

学情分析

六年级 5 班，全班 30 名学生。该班学生寒暑假时，会与家长一起出国旅游，但前往非洲旅游的几乎没有，平时对非洲的了解也很有限，不了解并不等于没有先入为主的印象，课前，孩子们对非洲的印象进行了调查，他们脑海中涌出的画面大致有这么几幅：荒芜的草原、无尽的沙漠，还有惊慌蹦跑的羚羊和懒散伟岸的雄狮、骨瘦如柴的百姓、……从中发现，学生对于非洲几乎都是极其穷苦的印象，而这仅仅是孩子们对于非洲的偏见。

教学目标

1. 了解非洲神奇的自然景观、目前的生活状况、浓郁的民族风情。

2. 借助互联网，小组探究非洲的多元文化，激发学生探索的兴趣，培养学生自主学习的能力及整理、处理信息的能力。

3. 通过课前课后对非洲的认知对比，明白每个民族都有独特的文化，学会尊重它、欣赏它。

教学重点

了解非洲不同地域的民族风情、自然景观、生活现状。

教学难点

借助移动终端，整合互联网资源，让学生在形象化的操作平台上，探索并发现非洲多方面的特色，打开其全新的视野。

教学过程

一、课前调查反馈导入，了解课前大家对非洲初识印象

1. 通过柱状图展示孩子们课前对非洲的印象，几乎都是酷热穷苦的印象。
2. 是不是大家所认为这样呢？引出课题“走进非洲”。

二、认识非洲的地理位置，探究地理环境对气候带来的影响

1. 在世界地图上找一找，非洲在哪里？（出示世界地图，关于非洲位置的文字填空题。）
2. 透过它所处的地理位置，你有什么发现呢？
3. 非洲大部分地区处于热带。一提到热带，大家能想到什么？
4. 不仅发现了炎热的秘密，而且探究地理环境对气候带来的影响。

三、了解非洲浓郁的民族风情、神奇的自然景观、目前的生活状况

1. 活动——“是真的吗？”

（1）第一题：非洲的乞力马扎罗山，坐落在赤道附近，上面终年都是白雪皑皑，是真的吗？

①学生通过平板电脑上智慧课堂学生端参与互动，先思考判断，再生生之间交流。

②揭秘（微课视频介绍非洲神奇的自然景观。）

③你还知道哪些非洲其他著名的自然景观吗？

（2）第二题：非洲各国都非常贫穷吗？是真的吗？

（播放微课视频，介绍了非洲富有的国家及其资源矿产等。）

①学生通过平板电脑上智慧课堂学生端参与互动，先思考判断，再生生之间交流。

②谁来说说你的看法？

③到底谁是对的呢？我们一起看视频。

小结：非洲地域辽阔，各国之间生活水平存在差异。我们对非洲的“非常

穷”的印象是个误区。

(3) 第三题，非洲手抓饭是一种粗俗的表现，是真的吗？

①对于非洲就餐方式不同的饮食文化，我们怎样看待呢？

②关于饮食方面的文化习俗，谁还有了解？

(师把题目传到平台，学生通过平板电脑上“智慧课堂学生端”参与互动。)

2. 探究非洲的多元文化，激发学生探索的兴趣。

(1) 说起文化，其实它包括很多方面，比如建筑，音乐……

(2) 如果去非洲，你最想了解非洲哪个文化？四人小组选定一个最感兴趣的非洲文化进行探究。

(3) 小组汇报，我们进行一场非洲文化之旅。

四、明白世界上每一个地方都有值得欣赏，值得尊重的美

1. 通过我们大家的探究学习，现在你对非洲印象又是什么？为什么会改变呢？

2. 再一次走进非洲，在感受奇妙的非洲路程中结束本课。

小结：课前、课后对于非洲的印象产生了改变，并学会用欣赏、尊重的眼光对待世界上每一个地方。

板书设计

	走进非洲
欣赏	民族风情
尊重	自然景观
	生活现状

月相变化

周　林

教材分析

本课选自教科版六年级下册“宇宙”这一单元的第二课。本单元要让学生在星空下感知宇宙，形成初步的、浅显的、系统的对宇宙的认识，月球距地球最近，是目前人们最熟悉的天体，而我们对月球最直接的印象就是平时观察到的各种形状的月相，所以本课在这一单元中占有重要地位。

学情分析

学生通过几年的科学知识、科学方法的学习积累，再加上平时的课外观察了解，学习本节课的内容，应该没有多大的难度。但是，我们成都地区由于天气等各种因素的影响，晚上很难看见月相，白天能看到月相对大多数学生来说就更不可思议，所以大多数学生对月相的认识还停留在语文课本上的介绍，以及美术课上的绘画基础上。因此，本课的学习中同学们很容易理解月相会变化，但不同时期的月相具体是什么样的、月相的变化规律等知识的学习理解以及教学目标的达成就有很大的难度。对于六年级学生来说，由于科学学习已有三年之久，所以引导学生根据已有的现象进行简单的逻辑推理，学生的自主性和合作意识培养等教学目标的达成就很容易了。

设计意图

通过本课学习主要是让学生认识到月相是变化的，变化是有规律性的。

教学目标

1. 使学生明白月相在一个月的不同时期有不同的形状，变化是有一定规律的。

2. 学生持续地观察月相的变化过程，能根据已有的现象进行简单的逻辑推理而做出假设，同时能在小组学习中收集整理别人的观点，并且根据一定的事实对自己的假设进行调整。

3. 学生初步意识到宇宙是一个变化的系统，培养学生的自主性和合作意识。

教学重点

月相在不同时期有不同的形状；月相的变化是有规律的。

教学难点

要求学生持续一个月进行观察，在观察过程中详细记录月相的形状、月相所在天空的位置、月相的农历时间、太阳在天空的位置。

教学过程

一、引出月相

1. 创设情境，引出月相话题。

课前放松，歌曲《但愿人长久》的歌词里有“明月几时有？把酒问青天……月有阴晴圆缺”。

阐释——歌词是苏轼的《水调歌头》里的词句。其中有一句：月有阴晴圆缺。请生说说对这句话的理解，并画出来，引导学生画出不同的形状。

肯定学生对“月有阴晴圆缺”这句话所包含的自然现象的理解。

2. 讲解科学概念

讲解科学定义：从科学的角度我们把月球在圆缺变化过程中出现的各种形状叫作月相。而月相又在不断地发生着变化，它的这种圆缺变化叫月相变化。

二、观察记录月相

1. 引导学生研究月相变化，并思考要想研究月相变化最好到什么地方去研究？引学生答出到大自然中实际观察。但由于时间空间等多种因素的限制，这节课老师借助多媒体带领学生一起走进自然的天空观察月相。

2. 观察之前提要求：（1）认真观察月相；（2）采用绘图的方式在书本48页记录出月相的具体形状；（3）画在对应的时间内；（4）了解部分月相的名称。清楚了吗？那下面我们就进入夜空观察月相。

3. 学生按要求观察记录月相。

4．共同研讨：学生回顾月相。

三、模拟月相变化

1．引导学生思考：月相在一个月不同时期的变化。是什么原因造成月相的这种变化？

2．通过模拟实验来研究帮助思考。

参照课本第49页进行模拟实验：

在教室里准备一盏瓦数大的电灯，用这盏灯当作太阳，或者用电脑在电视屏上制作一个。学生自己当作地球，用一半黑一半亮的球当作月球；把“月球”举在空中，使“阳光”照到“月球”亮的一面上，然后使“月球”围绕“地球”公转一周，引导学生观察月球的明亮部分有什么变化？

引导学生深度思考：模拟实验成功的关键在于，用来模拟月球的半明半暗的球体，它的明亮一面始终向着“太阳”。

3．分组模拟。

要求学生认真记录通过模拟看到的月相，画出3者间的位置关系。

生分组做模拟实验。

4．引导学生思考：月相变化产生的原因是什么？请学生结合自己模拟实验画的图来思考回答。

小结：月相变化跟月球不发光有关，跟太阳照射有关，跟月球在围绕地球公转有关。

5．引导学生思考：月球在围绕地球公转，是顺时针还是逆时针方向?。

通过多媒体模拟实验（演示FLASH动画），观察顺时针看到的和我们实际观测的一致吗？所以应该是什么方向？

6．找出月相变化的规律。

引导学生归纳：

①一个月中月相的变化规律是：初二向左弯，初八右半边明亮，十五月圆，二十二左半边明亮，二十八向右弯。

②月相的变化经历新月——上弦月——圆月——下弦月——残月的过程。

③上半月，人们看到的月亮亮面面积逐渐变大，直到满月，亮面在右侧；下半月，人们看到的月亮亮面面积逐渐变小，直到朔月，亮面在左侧。

④月相跟着农历变，初一初二看不见，初三初四像蛾眉，初七初八月半边，到了十五满月圆，以后月相逐渐缺，二十二三月似弓，到了月底又不见。

四、观察白天的月相

1. 讨论：一般我们观察月相都在什么时间进行？白天能观察到月相吗？

2. 引导学生确定观察月相的时间，清晨或傍晚观察月相。

如果教学时间在上半月，引导学生在傍晚观察；反之，则应在清晨观察。从农历十六—二十七八月亮升起得越来越晚，因此在清晨观察比较合适。

3. 课后任务：持续一个月观察记录白天月相。

记录内容：月相的形状、亮面的朝向、月相的位置、月相的农历时间，以及观察时的具体时刻等。

月相变化

成因：月球围绕地球公转

规律：新月——上弦月——圆月——下弦月——残月

不一样的电路连接

卢　毅

教材分析

“不一样的电路连接”是教科版小学科学四年级下册第一单元的最后一课（17 页）。本课继续让学生探究有关电路的知识，是简单电路知识的延伸与拓展，目的是整理学生的发现和认识，探索分析暗盒内导线的不同连接方式，学习串联和并联两种电路。

学情分析

学生在前一段时间经历了对电的问题的探究后积累了一定的知识和经验，并且认识和使用了电路检测器这一重要的电路元件，在简单电路一课中，初步尝试过同时点亮两个小灯泡的不同连接方式。但由于四年级的学生观察事物往往是比较感性直观的。因此，教师在学生的探究活动中给予适当的提示和指导，使探究活动有序进行，从而培养学生科学探究的精神，为学生的终身发展打下良好的基础。

教学目标

1. 学生理解串联电路和并联电路是两种用不同连接方法组成的电路。

2. 学会尝试用不同的方法连接电路，并在反复观察和实验中发现不同连接方式的特点。

3. 培养学生勇于挑战、缜密推断、乐于交流的态度。

教学重点

用电路检测器检验并推测接线盒内电路的连接情况。掌握串联电路和并联电路的连接。

教学难点

根据检测结果推测接线盒内导线连接的几种可能情况。

教学过程

一、第一关（检测故障导线）

师：同学们，最近几节课我们学习了很多关于电路的知识。今天老师要考考大家的学习情况。怎么考呢？（出示：电路大冲关）一共四关，每一关都有一道关于电路的难题需要大家去解决。你们有勇气来尝试一下吗？

生：有。

师：那我们先来第一关。这是房子装修前后的样子。（展示图片）墙上是什么？

生：导线。

师：在装修的时候我们通常会把导线穿进管子藏在墙里面。这是为什么呢？

生：这样做不仅美观，而且很安全。

师：可是墙里面某一根导线坏了，我们怎么办？把墙全部挖开？

第一关的挑战来了——如何检测哪根导线出故障呢？

师：这就是那段出故障的线路，两根导线一白一红，投影。哪根坏了，怎么检测？用什么工具来检测？

生：用电路检测器。

师：小灯泡亮了，形成了什么？

生：通路。

师：如果不亮呢？

生：断路。

师：请一位小电工来帮我们检测。

（演示实验）

师：请取出导线验证，当然如果家里的线路真的出故障了，可以用这种电路检测器来检测吗？

生：不能。

师：不过检修工人会用到更复杂的电路检测器，不用砸开墙壁就能查出故障线路了。第一关没有难住大家，请看第二关。

二、第二关（关于接线盒的研究）

1. 出示接线盒。

师：看不见的电路不仅在墙里有，老师手里也有。这是一个接线盒，接线盒可以起到连接和保护导线的作用。我们来看看它的结构。

生：塑料外壳，4 个接线柱。

2. 讨论怎么检测接线盒里的电路。

师：盒子里的导线在这 4 个接线柱之间是怎样连接的，看得见不？

生：看不见。

师：第二关的挑战来了——在不打开盖子的前提下，能推测出接线盒里的导线连接吗？

师：给大家 2 分钟时间小组讨论一下。

（小组讨论）

师：把你们组的方法和其他组分享一下好吗？

（小组间分享交流）

师：用什么检测，检测顺序、次数，什么样的现象可以推测出什么结果？

小结：也就是说可以通过电路检测器检测接线柱之间的通路断路情况来推测导线是怎么连接的。

3. 实验——检测通路断路。

师：请打开书 17 页，找到实验记录表。检测时为了结果准确可以怎么做？

生：重复 3 次。

师：有不清楚的地方吗？给大家两分钟时间，开始实验！

4. 各小组汇报推测结果并到白板上画图示意。

师：请一个小组来汇报检测结果并板书。

师：其他小组呢？

生：结果一样。

师：看来所有小组的操作都非常规范和准确。现在可以推测出接线盒里的连接情况了吗？请小组到白板上展示他们的推测结果。

5. 推测导线连接。

师：再给大家一分钟时间，根据检测的结果把你们推测的接线盒内导线的连接情况画下来。

师：时间到，请在白板上连线，展示各小组不同的推测结果。

师：①你们组是怎么推测出的这种连接的？②为什么 1，4 之间没有导线直接连接也能形成通路？我们这个盒子里到底是怎么连接的呢？请大家打开盒子对比。

生：打开盒子对比。

师：我们这几种推测都有科学的依据，可是实际的结果却不一定和大家的推测完全相符合。因为电路里导线是可以有什么情况？

生：不一样的连接方式的。

师：这些连接哪种更好一些呢？比如第一种，虽然用的导线要多一点，可是如果 1，3 断了 1，4 会不会受到影响？

师：生活中我们会根据实际的需要选择最合适的连接方式，这就是最好的连接。在第二关中，虽然不是所有小组的推测和接线盒里面实际导线连接相符合，但是大家能够利用准确的检测结果，对导线的连接情况进行多种合理的推测，其实已经超额完成任务了，恭喜大家又过一关！

三、第三关（探究并联与串联）

1. 小灯泡的两种不同连接方法。

师：电路中导线有不同的连接，那小灯泡（板书）可以吗？我们之前试过没有？

生：试过。

师：用一节电池同时点亮？

生：两个小灯泡。

师：怎么连接的？请一个同学来试试。

师：这是咱们之前实验的照片。这两种连接方式分别叫作串联和并联。他们有什么不同？

生：并联电路小灯泡亮，串联电路小灯泡暗。

师：为什么会这样呢？串联电路和并联电路中电流是怎么流动的？用红色的线标示电流的流动：串联电路中电流只有一条路可以走，这条路上两个小灯泡互相影响，所以要暗一些。而并联电路中，电流可以走两条路来，每条路上只有一个小灯泡，这两个小灯泡互不干扰。所以小灯泡要亮一些。

2. 电池的两种不同连接方法。

师：我们第三关的挑战任务是什么呢？请看：电池也有不同的连接方式吗？给你两节电池、一个小灯泡，你还能点亮它吗？

师：老师给每个组准备了一张记录单，请大家先设计电路图，再尝试连接并把实验结果写在电路图下方，实验完成后断开导线连接。倒计时 3 分钟开始。

师：谁想来汇报？

师：原来电池也有两种不一样的电路连接方式。我们也可以把它们称为电池的串联与并联。那这两种连接方式，有什么不同呢？

生：串联特别亮，并联一般亮。

师：为什么会这样呢？

生：串联和并联：一节电池的电压是 1.5V，两节电池串联起来的电压是 3V，所以小灯泡会特别亮。两节电池并联起来，电压还是 1.5V，所以小灯泡不太亮。

师：恭喜大家成功闯过了第三关。

四、课后延伸

师：生活中我们总是将导线，电池或者其他电源，小灯泡或者其他电器按我们的需要进行不一样的电路连接。第四关我们挑战什么呢？

1. 找一找家里或者学校里有哪些串联电路和并联电路？

2. 如果串联电路中一个小灯泡坏了，另一个小灯泡会怎么样呢？如果是在并联电路中又会怎样？

师：第四关由大家在课后继续完成，下节课看看有多少同学能够获得高级工程师勋章！

不一样的电路连接

导　线

小灯泡 { 串联　　暗
　　　　 并联　　亮

电　池 { 串联　　特别亮
　　　　 并联　　亮

羌族萨朗

赵　薇

教材分析

“羌族萨朗”是中国羌族独有的代表性文化，已列入四川省第二批非物质文化遗产名录。羌族萨朗舞是“四川省中小学地方音乐课程资源《川腔蜀韵》（上册）”板块三“舞蹈”中的一个教学内容，因教材中“萨朗姐”属于羌族女子群舞，且音频和视频原始资料匮乏，为了让教学面向全体同学，让四年级的小学生都参与到舞蹈学习中来，本课根据《川腔蜀韵》教材中对萨朗舞的教学要求，多方查找与搜集，在茂县人民政府发布的宣传羌族萨朗文化的音像资料中选取了萨朗歌舞《沙由阿由勒》，作为本课的教学资源。《沙由阿由勒》是一首情绪欢快热烈、速度稍快的2/4拍歌曲，分为AB两段。本课力求用舞蹈、演唱、情境体验、乐器演奏等综合参与的方式，让学生感受羌族萨朗舞蹈的特点，初步了解我省具有代表性的羌族地方舞蹈文化，感受羌族人民对生活的热爱和感恩之情，唤起孩子们对古老艺术文化的喜爱与敬畏。

学情分析

经过三年的形体课学习，小朋友们的动作协调能力得到了很大提高，学会了基本的儿童舞步，对部分民族民间舞的舞蹈特点也有了一定的了解，并能够通过舞蹈的方式来表达自己的情感。到了四年级，孩子们表演的积极性有所减弱，特别是男生其感兴趣程度降低，所以四年级对教材的选择尤为重要。根据孩子们的特点，我选取了具有独特风格和魅力的《羌族萨朗》，音乐曲调欢快流畅、节奏跳跃、明朗抒情，主要用羌语演唱，别致的舞蹈律动和音乐特点能够吸引全班小朋友积极参与学习。羊皮鼓的环节专为男生设计，最大限度地调动男生的积极性，让孩子们在欢乐的学习中感受民族歌舞的魅力。

教学目标

1. 使学生乐于参与羌族萨朗《沙由阿由勒》的学习，收获与同学合作的愉悦，初步感受羌族人民以歌舞的形式表达自己对生活的热爱和感恩之情。

2. 初步掌握羌族舞蹈特有的“顶胯”“顺摆步”的基本律动，感受羌族萨朗舞的风格特征并能愉悦地参与锅庄表演；初步了解羊皮鼓和“释比”，体验羌族祭祀性舞蹈。

3. 学生能在游戏、模仿表演、互动对歌、舞步学习、羊皮鼓祭祀舞蹈等活动中，体验羌族人民通过歌舞还原民族生活的风俗习惯与风土人情。

教学重点

学跳羌族萨朗《沙由阿由勒》，体验羌族人民通过歌舞还原民族生活的风俗习惯与风土人情。

教学难点

能初步掌握羌族萨朗舞特有的“顶胯”“顺摆步”的基本动律。

教学过程

一、初步了解萨朗文化

师简单介绍羌族民俗文化。（PPT 出示：云朵、碉楼、服饰、羊图腾）

二、熟悉舞蹈音乐及基本动律

1. 播放歌曲 A 段。

师：羌族不仅有高高的碉楼，漂亮的服饰，还有动听的歌曲和热情的舞蹈，你们听，羌族男生和女生还会用歌声对话呢，你们听！

（生初听，感受羌族萨朗音乐特点。）

2. 再次播放 A 段，教师表演点指。

师：这次当你听到“呀、呀撒、呀撒撒”的回答时，和我一起点一点，小脚也要跟上节奏哦。

（生听歌、观察并回答：他们在唱“呀、呀撒、呀撒撒”）

3. 播放全曲（AB 段），师坐姿示范点指和脚尖的律动。

（生模仿教师做点指和脚尖的律动）

4. 再次播放全曲（AB段），师边唱衬词边表演萨朗舞步。

（生演唱衬词，观看老师B段表演做出相应的脚尖律动）

5. 播放全曲（AB段），师一起边唱衬词边表演。

（生演唱衬词并随教师在圆圈上舞蹈）

三、情境表演

1. 情境表演：教师边讲述故事边表演羌人日常上山劳作的一天。

（1）教师讲解羌语“沙由阿由勒”。

（生学习表演羌语“沙由阿由勒”）

（2）教师边讲述故事边表演羌族人民日常上山劳作的场景。

（生听故事并观看教师的表演）

（3）教师描述羌族人民日常劳作的场景，重点突出爬坡、下坡、过独木桥、淌水等。

（生根据教师讲述内容即兴情境表演）

2. 教师示范舞蹈《沙由阿由勒》。

（1）出示PPT：介绍“羌族萨朗”。

（2）教师完整表演舞蹈。

（生观看舞蹈示范回答问题）

四、学习舞蹈《沙由阿由勒》

1. 教授“顺摆步”。

（1）师引导学生观察动作，发现规律。（教师示范羌族人上山，下山，过独木桥的动作）

（生盘坐观察，并回答：这些动作都是同手同脚的）

（2）颤膝、横移、挥臂练习。

师：双手叉腰，注意，爬山首先要放松你的膝盖，不能硬邦邦的！

（生在4号队形上学习体会颤膝、横移、挥臂的动作）

（3）送胯练习。

师：过独木桥要横着迈步，脚尖朝前，要慢慢地移动重心，注意肩、胯、脚在一条直线上，右脚膝盖屈膝、收回、屈膝、收回，身体往上仰一点。

（生随教师讲解反复练习送胯动作）

（4）师唱A段带领学生练习顺摆步。

（生合音乐练习顺摆步）

(5) 师唱A段带领学生练习顺摆步+退踏步。

(生复习退踏步，体会塌腰的动作要领)

2. 教授“小腿悠动步”。

(生学习悠动步)

3. 完整练习舞蹈《沙由阿由勒》。

师带领学生围圈边慢速演唱歌曲边完整表演舞蹈。

(生合音乐在锅庄队形上练习三个舞步)

4. 合音乐完整表演羌族萨朗《沙由阿由勒》。

5. 体验萨朗对歌。

(1) 师教唱《沙由阿由勒》A唱段。

(生学唱A段)

(2) 师与生进行A段对唱。

(生用衬词应答)

(3) 师生交换角色再次体验A段对唱。

(生用衬词应答)

(4) 师指挥男女生分组对唱。

(生分角色对唱)

(5) 师指挥男女生练习语气词“吓喂”“哟喂”。

(生分角色练习)

6. 完整表演对歌、舞蹈。

师带领生完整体验羌族萨朗的歌舞表演。

(生在锅庄队形上完整表演。萨朗《沙由阿由勒》)

五、体验。萨朗中的祭祀性舞蹈

1. 认识羊皮鼓。

师：刚才同学们的表演太精彩了，我仿佛来到了羌年会的现场，这时从圆圈中走出了一位白发苍苍的老者，他是羌族的首领，羌族人尊称他为“释比”，在羌年会开始时，他首先会带领全族的男子完成一个隆重神秘的祭天、祭神的仪式，他还带来了一样重要的祭祀法器，你们想看看吗？(师出示羊皮鼓并介绍)(生认识发现羊皮鼓的特点)

2. 羊皮鼓舞初体验。

师用羊皮鼓击打出三个不同的节奏并配合上舞蹈动作，请生模仿。男生模仿羊皮鼓的鼓点击打节奏和舞蹈。

六、完整表演

1. 完整表演。

师：好，羌年节的祭祀活动要正式开始了，注意，这是一个庄严隆重的仪式，女生这个时候只能静静地观看男生的表演，男生准备，当鼓舞结束时，请我们的小释比大声呼喊“沙由阿由勒”，你试试！这时，所有的孩子起立准备，我们的对歌比赛、舞蹈表演就要开始了！

（生完整演出）

2. 小结。

小鸡的一家

张　潇

教材分析

歌曲《小鸡的一家》是一首有角色特点、适合低年级孩子演唱和表演的歌曲，大调式，2/4 拍，一段体。歌曲旋律简单、活泼，容易学唱。三段歌词表现出公鸡爸爸、母鸡妈妈和小鸡宝宝各尽其职的有趣场景。歌词中三组象声词“喔喔喔”“咯咯咯”“叽叽叽”生动地展示了大公鸡神气、老母鸡勤劳、花小鸡活泼可爱的形象。通过附点节奏“x. x”，结合动词“伸”“跳”“跑”表现了小鸡一家不同的动作特征，讲述了小鸡一家和睦相处、快乐生活的情景 。

学情分析

小学二年级的孩子以形象思维为主，好奇、好动、好表现，注意力集中的时间不长，喜欢趣味性的学习。他们模仿力很强，能较快地学会歌曲，但对歌曲演唱中运用正确的口型唱好“o、e、i”，以及扮演歌曲角色和体验歌曲意境的能力还有欠缺，因此本课紧紧围绕“小鸡学院学本领”的情境创设，设计了“健身课”“语言课”“音乐课”“表演课”，将节奏体验、体态律动、歌唱技能学习、歌唱表演、编创活动等融入其中，让孩子在轻松愉悦的课堂氛围中乐于参与、乐于合作、乐于表现，享受歌唱带给我们的快乐。

教学目标

1. 能用轻巧有弹性的声音学唱歌曲《小鸡的一家》，在歌声中表达对小动物的喜爱之情。

2. 能用正确的口型唱好“o、e、i”三个元音字母；模唱“5 5 5”，初步感受双声部趣味伴唱。

3. 能在律动、演唱、角色扮演、编创等活动中，表现小鸡一家的可爱形象。

教学重点

能用轻巧而有弹性的声音完整并有感情地演唱歌曲。

教学难点

1. 初步感受二声部趣味伴唱。
2. 能根据歌中角色特点演唱歌曲并进行情景表演。

教具准备

多媒体设备及教学课件，钢琴、铝片琴、响板、词卡、头饰等。

教学过程

一、情境导入

1. 律动进教室。

教师戴上头饰扮演鸡妈妈，师生律动进教室。学生扮演一群小鸡，跟随老师律动进入教室。

2. 情境创设。

师：鸡妈妈带着小鸡来“小鸡学院”学本领。

（学生扮演一群小鸡，跟随老师律动进入教室）

3. 师表演唱《小鸡的一家》。

师：“‘小鸡学院’里都有谁呢？它们都有什么本领呢？请你听——”

生：“大公鸡、老母鸡、花小鸡……”

4. 出示课题。

师：原来这就是《小鸡的一家》。

5. 展示“小鸡学院”课程表。

师：小鸡的一家为我们精心设计了一份课程表，想知道都有些什么课吗？

生：（关注课表）想。

师：请你看。

二、健身课

1. 进入第一课——健身课。

师：赶快进入我们的第一课吧，请为小鸡的一家设计一个动作，随着音乐节奏，走一走，跳一跳。

2. 师带领学生，分别设计一个公鸡、母鸡和小鸡的动作，按 2/4 拍的节拍韵律“ X x ┃X x ┃”做律动踏步。

师：请你为小鸡一家分别设计一个动作，随着音乐走走，跳跳。

3. 师带领学生按乐句以加花的方式，随音乐跳“xx x”的节奏。

用各自的形象动作，按乐句随音乐用“xx x”的节奏跳一跳。

4. 评价，出示评分表。

师：我们一起来看看同学们这节课的表现。

三、语言课

1. 进入第二课——语言课。

师：请你用最标准的口型，读准“wo、ge、ji”，并有节奏、有表情地朗读歌词。

2. 用语言和动作启发学生用正确的口型和甜美的声音读出“喔、咯、叽”，教师适时进行指导。

师：大公鸡的嘴巴最大最圆，老母鸡的嘴巴小一点，笑起来说，花小鸡声音最轻，最温柔。

3. 出示完整歌词，用响板带领学生进行歌词接龙。

难点：最后一个乐句的休止符师用公鸡、母鸡、小鸡的特色动作及时对学生进行指导和纠错，帮助学生找到休止符的停顿感。

4. 播放歌曲伴奏，指导学生按歌曲节奏有表情地朗读歌词。

师：你们的声音太好听了，这么美的声音放在音乐里可以吗？

学生跟随歌曲伴奏，有节奏有表情地朗读歌词。

5. 评价，有悬念地出示评分表。

四、音乐课

1. 进入第三节课——音乐课。

师：请用甜美的声音跟着老师的伴奏学唱歌。

2. 教师钢琴伴奏和学生接龙学唱歌曲。

师：还记得刚刚的接龙游戏吗？黄色的部分还是你们的哦。

3. 师慢速弹琴，指导学生轻声完整演唱歌曲。

师：这一次完整演唱哦。

4. 恢复原速完整跟琴唱。

教师关注学生的咬字、吐字及每段歌词的连接性和准确性，并用轻巧而有弹性的声音演唱歌曲。

5. 师带领学生跟音乐演唱。

师：这次请小鸡们合伴奏完整演唱，并带上你的动作。

6. 师加入有趣的二声部伴唱。

师：你们的声音太美了，鸡妈妈都忍不住加入你们了，请你们一边演唱，一边聆听我在唱什么。

7. 指导学生学习二声部旋律和歌词。

8. 双声部配合完整演唱全曲。

9. 评价，出示评分表。

五、表演课

1. 进入第四课——表演课

教师选择小演员分别用声音模仿自然界中大公鸡、老母鸡、花小鸡的叫声，用铝片琴的声音创设“天亮了”的音效情境。

小演员模仿自然界中大公鸡、老母鸡、花小鸡的叫声，并用铝片琴创设“天亮了”的音效进行情境表演。

2. 全体学生分组：音效情境组、一声部歌唱组、二声部歌唱组、钢琴伴奏组。

3. 汇报表演。

4. 评价。

六、结束

教师总结评价，带领学生随音乐律动走出教室，在情趣盎然中，完成“小鸡学院”的趣味课程。

板书设计

小鸡的一家

1. 健身课：①X x | X x |

②xx x

2. 语言课：Wo Wo Wo

ge ge ge

ji ji ji

3. 音乐课 $\underline{55}$ 5

4. 表演课：大公鸡（神气）

老母鸡（骄傲）

花小鸡（可爱）

"叠"出幸福的家

胡兴迪

教材分析

本课为自选内容的班会课。"中国传统社会文化内容之责任担当"为教学内容，其中包括"我和父母每天为对方做的事情"问卷调查、"爱的四季——感受父母的责任担当"视频、"妈妈教我们叠衣服"的微课示范等。教师组织学生通过丰富的情景体验、微课学习、视频感悟、小组研讨等形式，让学生深刻理解责任担当的核心价值是爱，进而发自内心地做一个有责任担当的人。

学情分析

根据班级调查数据分析，"00后"一代"以自我为中心"的问题突出，具体表现为：

1. 缺乏基本生活技能。
2. 忽视父母的爱。
3. 责任感淡薄。

因此本次班会课将通过数据分析、动手体验、情景再现、负重体验、小组讨论等方式，让学生意识到父母总是在点滴行动中教会我们技能，在一言一行中付出他们的爱，我们也应该担负起自己的责任，提升学生的家庭、社会责任感。

教学目标

1. 能主动学习父母教会我们的技能，能用心做自己该做的事情。
2. 通过解读调查数据，动手体验、情景再现、负重体验、小组讨论等方式，层层递进，让学生感受、体验、提升。
3. 能体会父母对我们的爱，唤醒学生主动承担责任的意识，初步培养学生责任感。

教学重点

体会父母教会我们的爱与责任的心情，初步培养学生责任感。

教学难点

引导学生主动做自己该做的事，承担起自己的责任。

教学过程

一、数据导入

1. 猜数字。（板书：幸福的家）

师：之前，我们做了个调查“一天里，爸爸妈妈为我做的事和我为爸爸妈妈做的事”，结果出来了，令老师大跌眼镜！

师：看我带来了两个数字，猜猜代表什么？

生：爸爸妈妈每天为我们做 9 件事，我们每天为爸爸妈妈做 2 件事。

师：是的，这两个数字代表的就是一天里，爸爸妈妈和我做的事情的平均数。

2. 数据分析。

师：再看看具体统计，对比一下这两组数据，你发现了什么？

师：爸爸妈妈每天为孩子做 5 件以上的事情人数达到了 42 人。

师：父母做的甚至超过了 8 件。

师：绝大部分的孩子为爸爸妈妈只做了______。

生：2 件。

师：这说明？

生：爸爸妈妈为我们做了很多。

师：没错，爸爸妈妈不仅做事的平均数超过我们，每天做 5 件以上的人数也比我们多。

二、爸爸妈妈教会我技能

1. 学生自己叠。

师：今天，想不想把 2 变成 3，为爸爸妈妈多做一件事呢？

生：想。（板书：“叠”出）

师：现在冬天来了，爸爸妈妈会把秋天的衣服叠好放进衣柜，我采访了几位父母，叠衣服对于他们来说，是小菜一碟，不到30秒就能完成，想试试吗？

生：想。

师：当计时结束，孩子们要马上停止哟！拿出衣服，开始！

师：时间到。看，这是妈妈叠的，整整齐齐，你叠的呢？你觉得怎样？

生：没有妈妈叠得好。

2. 跟着妈妈学。

师：看来，想要叠好一件衣服不容易啊！没关系，我们可以跟谁学呢？

生：爸爸妈妈。

师：请妈妈出马，一步一步教我们叠。

师：这次跟第一次比，叠得怎么样？

生：比之前好。

师：爸爸妈妈就是我们最好的老师！（板书：爸爸妈妈教会我　技能　学会方法）

师：将自己进步的成果放进抽屉收好！

三、爸爸妈妈教会我——爱

1. 爱藏在哪里？

师：今天妈妈教会我们______。

生：叠衣服。

师：这是一项基本的生活技能。

师：妈妈一步步地教我们，也是想告诉我们，只要掌握做事的______，

生：方法。

师：我们就能像他们一样做更多的事情。

师：胡老师还统计了爸爸妈妈做事的前十名，看看他们天天都在做的事，你从中感受到了什么？

生：爸爸妈妈很辛苦/爸爸妈妈的爱……

师：可就算再辛苦，他们也不怕，那是因为他们对我们有浓浓的______？

生：爱！（板书：爱）

师：爱很伟大，也很简单，想想爸爸妈妈还做了哪些，爱藏在哪些事里呢？

生：爸爸妈妈的爱藏在每天接我放学……

师：爱藏在点滴小事里，其他孩子呢？

生：爱体现在无时无刻的关怀里/爱无处不在……

2. 视频《责任的四季》——爱是用心做事。

师：这个爱字，在以前是这样写的，仔细观察，它和我们身体的哪个部分紧紧相连？

生：心！

师：爱一个人，就会用心为他做每一件事。（板书：用心做事）

师：这份用心的爱从孕育我们那一刻开始就不曾停止……（播放视频）

3. 采访学生感受。

师：孩子，我看到你眼眶中噙着泪水，你现在是什么感受？你想对爸爸妈妈说什么？

4. 带着爱叠衣服。

师：让我们把这份爱用行动来表达，重新打开我们叠的衣服，装进我们的爱和感恩，用心地、安安静静地为爸爸妈妈叠出一件整整齐齐的衣服。

师：叠完后，可以用桌上心形的卡片写一句此刻你最想对父母说的话。

师：我看到有的孩子叠完衣服，写完卡片，把小脸蛋靠在衣服上，他想用这份爱温暖爸爸妈妈的心。

师：我们一起把这份最珍贵的礼物——叠好的衣服和卡片，郑重地放进抽屉。

师：放学后送给爸爸妈妈。

师：我们带着爱为爸爸妈妈多做一件事情啦！当他们收到这用爱叠出的衣服，就算他们为你做了这么多事，也会感到欣慰和值得。

四、爸爸妈妈教会我——责任

1. 体验活动——负重体验责任。

师：今天，有没有小朋友来扮演爸爸妈妈，再来感受这份爱的力量？谁扮演他的孩子？

师：其他孩子，请认真观察，思考你从这个活动体会到什么。

师：我带来了一些小道具，每一个沙袋代表做的一件事情，体验开始，爸爸和女儿要双手平举，如果放下来，就代表你放弃做这件事哟！

师：孩子平均做了3件事，哪3件？（生回答：师将沙袋挂在生双手手臂）

师：孩子，累吗？

生：不累！

师：爸爸做了几件呢？比如……

生：洗衣、做饭……

师：而且他天天都在这样做！

师：“爸爸”，你累不累？

生：不累！

师：我们看到你已经快支撑不了了，为什么还在坚持？

生：因为我是爸爸。

师：多伟大的父亲，他勇敢地承担起家庭的责任，再累都在坚持，他是勇于承担家庭责任的好爸爸！（板书：责任）

师：孩子，你看到爸爸这样累/你听到爸爸说累，你想怎么做？

生：帮爸爸分担！

师：我们可以分担一部分自己力所能及的事情。

师：“爸爸”，看到女儿主动承担责任，你感动吗？你想对她说什么？

生：女儿，爸爸为你做什么都是值得的！

师：天下父母心，女儿，你觉得沉吗？

生：不沉！

师：你对爸爸妈妈的爱让你不怕累和辛苦，你还会坚持吗？

生：会坚持！

师：体验结束，谢谢你们！

师：孩子们，刚才的活动，你体会到什么？

师：父母默默扛起了责任，笑对苦和累，他们是榜样，勇敢担当。正因为父母有了这份担当，我们的家才安宁和幸福，现在的我们虽然不能完全承担，却能分担，有了分担，我们将来一定能承担。

2. 小组讨论。

师：刚才的父女，让我们看到，爸爸妈妈用宽阔的肩膀承担起家庭的责任，我们也做好了我们该做的事，我们的小家就更温暖幸福！（板书：做该做的事）

师：在小家里我们是爸爸妈妈的孩子，在学校这个大家里我们是学生，我们有哪些责任呢？

师：四人小组讨论 2 分钟，音乐结束，讨论结束。

师：哪个小组想来跟大家分享？

生分享、师点评。

师：爸爸妈妈无私地爱着我们，用一言一行教会我们做事的方法，像他们一样心中装着爱用心做好每一件事，当我们做好该做的事情，就能用小肩膀担起一个幸福的家。

五、总结

回到数据，预测。

师：一个月以后，我会再进行同样的调查，孩子们预测一下，这个图会发生什么变化呢?

生：我们的这个柱子会增长。

师：你们数据柱增长了，代表着你们的成长了!

板书设计

“叠”出幸福的家

	技能	学会方法
爸爸妈妈教会我	爱	用心做事
	责任	做该做的事

小公民共“童”行

唐月悦

教材分析

本课为教科版《品德与生活》五年级“我们都有发言权”单元的教材内容。该课教材体现的是《全日制义务教育品德与社会课程标准（实验稿）》中“通过学校和班级等集体活动，理解公平、公正、民主、平等在社会生活中的现实意义，培养现代民主意识”等内容要求。一方面，教材设计通过生动的事例，调动和利用学生已有的生活经验，结合现实生活中的实际问题，使学生获得真实的体验；另一方面，需要拓展教学素材，从学生现实生活扩展到更宽更广的空间，使学生的学习能够与他们的未来生活联系起来，从而逐步提高学生参与社会的能力。

学情分析

小学生乐于接受新技术、新媒体，且年龄越小的学生对网络信任度越高，但网络的多元与匿名性，衍生诸多社会问题。父母担心充斥着虚假、暴力的网络信息影响子女身心发展，没有适当引导管制，只有高度控制。这些状况让学生在网络中辨别事物真伪的能力，远远不及他们对新事物，新媒体的追捧。可谓是信息技能强，信息素养低。

学生生活在自媒体时代，他们以为在网络上可以戴着面具为所欲为，不受现实生活中的约束与规范。这么一来，学生流于情绪性的攻击与谩骂，甚至容易传谣。学生需要建立书本认知“规则”和生活实际的联系，将刚性的外在约束转换为柔性的内在自觉，打通走向具有新时代民主意识小公民的路径。

教学目标

1. 让学生了解公民权利的平等性，学会在新技术条件下自媒体上的审慎解读和正确表达，提高学生的思辨能力、是非分辨能力、自主探索能力，提升学生作为新时代小公民的信息素养。

2. 通过自媒体和现实社会中发言权的对话和探究，依法规范学生正确行使发言权。

教学重点

通过自媒体和现实社会中发言权的对话和探究，让学生了解公民权利的平等性，学会在新技术条件下自媒体上审慎解读和正确表达。

教学难点

让学生了解公民权利的平等性，学会在新技术条件下自媒体上审慎解读和正确表达，提高学生思辨能力、是非分辨能力、自主探索能力，提升学生作为新时代小公民的信息素养。

教学过程

一、谈话导入

1. 师：“新三好”要求我们在家做好孩子，在校做好学生，在社会做好公民。今天我们就以小公民的身份聚在一起。

2. 师：说说看你是怎么理解“公民”的呢？

(1) 读一读百度是怎么解释现代公民的？

(2) 是不是大人才是公民呢？(播放视频：“公民”)

3. 师：小公民也同样享有法律赋予我们的权利和义务，不过你们是未成年人，所承担的义务一般是属于伦理层面上的：如听从父母的教导，做力所能及之事，有礼貌，遵守公共秩序……不过未成年人享有的权利可不少，你知道小公民有哪些权利吗？

其实，你们有一项很容易被忽视的权利，是什么呢？我们书上的开篇给同学们做出了回答，你能找到吗？

二、自媒体发言权

1. 师：既然法律赋予了我们发言权，作为公民要如何发好言呢？

(1) 原来普通公民的发言要让大众听到是不太可能的，现在想要我们的发言被周围朋友或大众迅速听见，可以通过哪些途径呢？

(2) 生交流。

（3）师小结：论坛、微博、微信、直播、小视频，这些就叫自媒体。这些方式为公民充分履行发言权，提供了便捷的平台和机会。

2. 问答。

自媒体的功能非常强大，从某种程度上看报纸、电视的一些功能都被他替代了。

前几天一位市民通过微信爆出的这条新闻：“龙华北站最牛钉子户已被拆，获赔 1.3 亿”的消息，有图有真相，随后很快在网上广为流传。

（1）看了这个新闻，同学们有什么感受？

（2）你们有没有怀疑过呢？这是什么爆出来的？

自媒体人人可以爆料，人人可以发言，2016 年统计显示，自媒体是中国 7 亿多网民了解社会资讯的窗口，如果我们对某个个体发表的言论，没有怀疑过真假，就听之信之，甚至进行了传播，那将是多么可怕。你得看看这个市民爆出的新闻，是真还是假。你凭什么说它是真或假？

（3）小组讨论真假新闻，1 分钟后投出你们组的判断。

（4）揭秘：播放视频：新闻报道。

3. 讨论。

（1）他凭什么被抓的呢？当然是依法被抓，什么法？学生齐读（《中华人民共和国治安管理处罚法》）。最终孙某依据《中华人民共和国治安管理处罚法》的第 25 条规定受到怎样的处罚呢？

请男生来读一读：散布谣言，谎报险情、疫情、警情或者以其他方法故意扰乱公共秩序，处以行政拘留 10 天，罚款 500 元。

（2）设问：法律不是赋予我们发言权了吗，为什么孙某的发言却受到法律的制裁呢？（学生谈：引导发言权是有底线的）底线是什么？

（3）小结：履行发言权的同时，也要尊重客观事实，不能损害他人的名誉权、侵犯他人隐私权，我们的言论不能扰乱社会秩序，不能危害国家安全。这既是发言权的底线，也是法治的底线。

（4）这三部法律，哪个最重？你怎么知道的？

（5）师对比《宪法》《治安管理处罚法》和《刑法》描述的同样不法行为，总结：宪法赋予公民言论自由的权利，发言权的自由不是无限的，它应尊重事实，有底线！

三、现实社会发言权

1. 我们除了通过自媒体关注社会、发现问题、履行发言权外还有哪些渠道可以履行发言权那么我们在现实社会中，如何履行好发言权呢？有同学就做得很好，让我们打开书看看书上哈尔滨刘露露同学的例子。

（1）哈尔滨离我们很远，我们四川，美丽成都的同学有没有类似的呢？谁知道这张老照片中的同学在干什么？

（2）龙娃娃的“第一声呼唤”和书上哈尔滨高三学生刘露露的事情有什么异曲同工之处吗？

2. 你们想像他们一样履行好发言权，为城市的美好建言献策吗？课前你们用明亮的眼睛发现了我们身边社会中的一些问题，每个组提交了一个，我把你们的问题编上了序号，现在我们集中大家的智慧建言献策，选出一个你们最想解决的问题，

（1）而且是你们最有可能以你们的智慧和能力解决的问题。小组讨论：30秒选择。

（2）小公民们，让我们共“童”行吧！投票，根据投票结果小组讨论。老师巡视。

3. 每组同学分享你们的对策，其他组同学认真听，待他们讲完以后就他们的对策提出你们的问题。

（1）小组发言代表汇报。

（2）组长组织：现在在座的小公民还有后面的大公民，你们有什么问题吗？

（3）每组逐一汇报，评估。同学们的建议你们组接受吗？（评估：肯定☆；否定⊿；待定?）

（4）你们的每一个小点子，都是一份大大的温暖关爱，你们可以像三十年前的龙娃娃给市长写信一样，把你们的点子集合起来整理成一份倡议书或一份提案转呈相关部门，你们在履行发言权的同时，也承担起了一份小公民对他人、对社会的责任。

四、激励

当然今天我们只解决了同学们发现的七分之一的问题，哪怕解决完了这7个问题，背后还有许多来值得我们关注。最后希望你们心中铭记的是这副对联，铭记公民应有的天下情怀。让我们带着小公民的智慧和责任，带着少年的朝气和热情，配乐齐读。（对联：风声雨声读书声声声入耳，家事国事天下事事事关心）

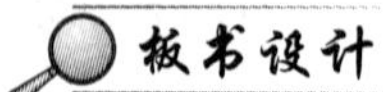
板书设计

小公民 共“童”行
——人人都有发言权
自媒体发言有底线尊重事实
现实社会解决问题有智慧

感受新生活

钱　红

教材分析

本课选自教科版《品德与社会》六年级下册第二单元——“祖国我为你自豪”的第二课。以改革开放给我国带来的翻天覆地的变化为背景，通过学生的所见所闻，亲身感受，体会我国人民衣、食、住、行等生活方式的巨大变化，从而为家乡的变化而自豪，为祖国的繁荣而欢欣鼓舞，激发学生的自豪感和对祖国的热爱之情。

学情分析

1. 学生已学会了调查访问、探究学习等自主学习的方法，具有搜集、整理资料并从中体验感悟真理的能力的运用，已学会小组为单位合作学习、表演汇报。

2. 学生已熟练掌握电脑和网络，但对中华人民共和国刚成立时人们的衣、食、住、行、生活方式等还不是很了解，对家乡的变化有体会，但具体到哪些方面还不是很清楚。因此，学生需要通过查找资料、调查访问等来了解人们衣、食、住、行、生活方式的变化。

教学目标

1. 尝试应用互联网+、智慧教室等现代化教育手段进行授课。通过学生课前查找资料、调查访问，及课堂上应用互联网+，师生、生生互动及课堂上各组汇报表演，了解人们在衣、食、住、行、生活方式等方面发生的巨大变化。

2. 培养学生搜集资料、整理资料的能力及综合能力。

3. 从家乡的变化感受到祖国的巨变，激发学生的自豪感。

教学重点

通过学生课前调查和课中汇报表演感受家乡的变化。

教学难点

从家乡的变化感受祖国的巨变，激发学生的自豪感和爱国之情。

教学过程

一、谈话“四大件”引入

师：现在大家的生活越来越好，吃穿用样样不缺，可是你知道吗，一些我们现在看来稀松平常的物件，在70年代，却是人们盼望的家庭重要物件，如果有了它，会拿出来炫耀好一阵呢。到底是什么？

说说四大件背后的故事。（学生现场上网查阅、汇报）

师：那时的“四大件”无疑是财富的象征，以至于成了人们争相炫耀的资本。那时，骑着一辆自行车在街上闲逛，其得意的劲头和现在开辆“大奔”去市场买菜的心情，估计是一样的。

生：那时要买这四样东西，光有钱还买不到，为什么？因为少，只能凭票供应。为什么少？我国的生产能力有限，只能用这种办法限购。

师：如果那时谁家要是集齐了四大件，那可是不得了的事情。随着时间的推移，来到了90年代，四大件也发生了变化。（PPT出示：四大件）

师：你猜想，现在的四大件应该是什么？

（学生使用平板完成，统计对错，教师评价）

师：从70年代的四大件到90年代的四大件再到今天的四大件，你发现有什么变化？

生：先进了，科技含量高了，越来越高档。

师：其实除了四大件在变化，在衣、食、住、行等方面也有变化，请同学们汇报一下你们的调查吧！

二、各小组汇报表演，展示在衣、食、住、行等生活方式的变化

1. 吃穿的变化——第一组表演小品。（从吃饱到吃好，从衣服款式、颜色单一到多样的改变）

2. 行、基础设施、住的变化——第二组表演汇报。（从地面的一环路到四

环路，从地上的二环高架到地下的多条地铁，从家门口的小巴到去远方的高铁。从筒子楼到洋房、别墅的变化，体会行、住的巨变）

（全班学生观看表演并在平板电脑上互动，写感受。）

3. 休闲方式的变化。

师：除了在衣、食、住、行上有很大变化，人们的休闲方式也有很多变化。

生：假日休闲方式、老年大学、广场舞、旅游（近郊、出国）、看电影。（2016年2月电影票房就达68亿）

师：人们的生活也多姿多彩。（PPT出示视频："中国人与外国人出境旅游数据对比"）

4. 生活方式的变化——第三组小品表演。（同是看病，原来是早起、排队；现在是网上打车、挂号，生活方式越来越便捷）

师：从小品中你发现人们的生活方式有什么变化？还有哪些变化？

三、引入互联网+，引导学生加入新的生活方式

师：现在我们已经进入互联网+的时代，我们的生活和互联网息息相关，就像刚才同学们在小品中看到的一样，我们可以用互联网+医院挂号+网上预约挂号，互联网+的生活给我们带来了什么？

生：方便、快捷。

师：那我们还可以有互联网+什么呢？（平板电脑完成提问）

（学生自由发言，教师点评）

四、小结、升华：实现中国梦，从我做起

师：今天同学们从四大件的变迁到衣、食、住、行等生活方式的变化感受到了新生活，为什么会有那么大的变化？那让我们一起来赞美我们的新生活，请根据自己的感受补充完善，写在平板上。

我们的生活是幸福的，多姿多彩的，但是在这幸福生活的下面，也隐藏着一丝丝的遗憾和不如意，你能说说是些什么吗？面对这些，我们可以怎么做？

（学生自由发言，师点评）

师：保护环境从我做起，遵守道德从我做起，作为21世纪的接班人，我们有责任、有义务为实现习近平总书记提出的"国家富强、民族复兴、人民幸福"的"中国梦"尽我们的绵薄之力，今天的新生活就是中国梦的开始，相信在我们的共同努力下，"中国梦"一定会早日实现。

板书设计

四大件
衣食住行 } —变化→ 感受新生活
生活方式

三国武将——关羽

李丽丽

教材分析

“三国武将——关羽”一课是根据人民美术出版社义务教育教科书《美术》五年级上册第 20 课“川剧武将”的内容改编的，属于“造型·表现”学习领域。本课选取川剧武将中的英雄人物关羽，引导学生深入分析其形象特征和品格，并以超轻黏土、瓦楞纸等综合材料进行创意表现，提升学生美术素养，培养其协作能力，弘扬中华民族的传统美德。

学情分析

五年级学生大多读过《三国演义》，对关羽这一人物有一定的了解，能说出他的为人和故事，知晓他的宝刀和坐骑的名字。这个阶段的学生动手能力和协作能力较强，但是在综合运用材料进行创作表现上有一定的困难。教师通过让学生小组讨论、探究人物动态骨架线的表现，观看演示制作过程和方法的微课视频，有效地突破“表现人物形象特征”这一教学难点。

教学目标

1. 通过对人物面貌、服饰、装备的分析，了解三国武将关羽的形象特征；学习用骨架线进行人物动态造型，利用超轻黏土推画、瓦楞纸拼贴及丙烯刷色表现出生动的人物形象。

2. 在分析关羽的形象特征和精神品格、学习人物动态表现的过程中，获得积极的学习体验；通过小组讨论、分工协作与合作探究，学会动态人物的造型方法。

3. 体会武将关羽的形象美、动态美，体验运用综合材料进行创作的乐趣；学习关羽正义、诚信的高尚品格，弘扬中华民族的传统美德。

教学重点

分析关羽的形象特征和表现动态骨架线。

教学难点

结合故事进行人物整体造型，表现人物形象的特征。

教学过程

一、导入新课

教师播放《说唱脸谱》视频短片，请学生欣赏。

师：同学们，在三国时期有一位英雄，他手持的利器就是这样一把大刀。他是刘备的左膀右臂，他的美名流传千古。你们知道他是谁吗？

生：关羽。

师：对，他就是关羽。你们知道关羽的哪些故事？

生：“过五关，斩六将”“刮骨疗毒”“温酒斩华雄”……

师：你觉得这些故事中的关羽是一个什么样的人？你会用什么词来形容你心目中的关羽？

生：讲情义、勇猛、诚信。

师小结：你们说的这些故事都讲到了关羽的品格。简而言之，我们可以用“忠、义、信、智、仁、勇”来形容关羽。

二、探究新知

1. 分析色彩。

师：在美术创作中，我们可以用色彩来表现人物的性格，表达自己的情感。你会选择哪一种颜色来表现忠义的关羽呢？

生：红色。

师：请说一说理由。

生：我认为红色代表正义。

师：你大胆地说出了自己的观点，老师送你一把“大刀”，助你“过五关斩六将”！

师：你们想不想知道在中国戏曲中关羽的代表色？

生：想！

师：你们看，这是什么颜色？

生：红色！

师：在用颜色表现人物性格的中国戏曲中，红色代表忠勇正义，因此关羽脸谱是红色的。那么你们觉得什么颜色的衣服最能衬托关羽的红脸呢？

生：绿色。

师：说说你的理由。

生：因为绿色与红色是对比色。

师：你的色彩知识掌握得不错。在传统民间艺术作品中，我们常能看到“红脸关公穿绿袍”这样的“红与绿”的色彩搭配。

2. 分析关羽的形象特征。

生：关羽的装备是一把大刀，他骑的是一匹赤兔马。

师：关羽骑着赤兔马，手持青龙偃月刀。（板书：装备——刀、马）

生：关羽的面部如红枣一般，他的胡须很长。

师：你发现了他的面部特征。《三国演义》中称关羽的脸为“重枣脸”，也就是说，他的脸形和颜色都像枣子。（板书：面部——长须）

师：他的五官有什么特点？

生：他是丹凤眼，眉毛又黑又粗。

生：丹凤眼细长上挑。

师：你观察得很仔细，细长上扬的丹凤眼能够表现出人物的侠义。关羽的眉毛又黑又粗，像两条斜躺着睡觉的蚕，因此，他的眉毛又叫“卧蚕眉”。

师：作为武将，关羽上战场时会穿戴什么？

生：铠甲。

师：有几块铠甲？保护了身体的哪些部位？

生：一共有5块，分别在胸前和四肢上。

师：关羽肩部的铠甲小，腿部的铠甲略大，而胸腹部的铠甲最大。随着人物动作的变化，铠甲的形状也会发生改变，甚至会被衣服完全遮住。为了突出铠甲的坚硬，我们可以用有棱角的形状来表现。

师：你们看，关羽的头上戴着什么？

生：帽子。

师：这叫“英雄巾”，是关羽服饰的标志。

师：大家找到的这些特点集中体现了三国武将关羽独特的艺术形象。

3. 人物动态分析。

师：这里艺术家们表现的不同故事中的关羽，他的动作有什么特点？

生：他的脚跳起来了，手臂伸得很长，看起来很勇猛。

师：你说得真好。他的动作很有气势。

教师手拿青龙偃月刀道具，调动学生的情绪，并请学生扮演气势威武的关羽。

师：来，跨上你的马。

教师在投影仪上转动马的方向，接着解说：关羽骑着马俯冲而下，奋勇杀敌。

教师转动马，再次营造情境：突然，关羽勒马而立！现在，拉紧你的缰绳，握好你的大刀！

教师引导全班学生观察表演者倾斜的躯干和动作的幅度，然后请表演者再来个转身反杀的动作，并让该学生在动作结束时保持最后的姿态，教师出示用红笔画出的人物动态骨架线。

师：为了突出关羽的高大威武，我们可以夸张地表现他四肢的长度和动态。

师：老师为你们准备了关羽白描动态作业单，请你们根据关羽的动作，用红笔画出人物动态的骨架线。画得好的小组可以获得一面关羽大旗哦！给你们半分钟时间。

4. 学生分组完成作业单，并由组长将作业单贴在黑板上。

师：这几张作业单上的人物动态线，关节清楚，骨架结构正确，非常好(用红笔画五星)。获得五星的小组，请组长上台来领取奖品。

师：随着关羽身体动态的变化，他的胡须也呈现出相应的动感，使人物看起来姿态更加生动。有了动态线的帮助，我们就能更快、更好地表现出生动的关羽形象。老师就在动态线的帮助下完成了一张作品。老师是怎么完成的呢？现在我们就在微课中一探究竟。

教师播放微课视频，介绍制作步骤：①构图示范；②技法示范——推；③技法示范——刻画五官，并以不同的线条表现胡须；④技法示范——轻刷金色。

三、作业练习

师：现在你们能让气宇轩昂、威风凛凛的关羽“走进”我们的课堂吗？你们既可以表现之前作业单上的人物动态，也可以表现自己喜欢的其他动态。

(PPT 出示作业要求：① 4 人一组；②分工协作——小组讨论确定谁画人物动态骨架线，谁制作人物的头部、衣服、铠甲等；③注意整体协调，抓住人物特征，可添加细节，丰富作品；④作业时间为 15 分钟。）

四、作业展评

师：同学们，经过你们的巧手创作，一个个生动的关羽形象跃然纸上。我们来评一评，哪个小组把关羽的特点表现得最好？哪一幅作品中人物的动态最生动？哪一幅作品表现了故事情节？哪一幅作品最有创意？

生：我认为这幅作品把关羽的性格特点表现出来了，他骑在马上杀敌，动作很勇猛。

师点评：这幅作品表现了关羽五官的特点。如果关羽胡须的线条有疏密变化，动感会更好。

师：这是哪个小组的作品？你们表现的是哪个故事中的关羽？

生：我们表现的是关羽“过五关斩六将”的故事。

师：老师送你们组一个“忠”字印章，哪一件作品生动地表现了故事情节？

生：这一幅作品表现了关羽反身杀敌的故事，关羽的姿态很生动。

师：这组同学利用马和刀，表现了骁勇善战的关羽，老师送你们组一个“勇”字印章。同学们觉得哪一幅作品最具创意？

生：这匹马上有缰绳和铃铛，人物的腰带也很漂亮。

师：这幅作品的细节很丰富，送你们组一个“信”字印章。同学们，你们都表现了自己心目中的关羽，了不起！请把掌声送给自己！

五、总结拓展

师：关羽是三国英雄、蜀汉名将，他因忠义诚信，深受世人敬仰。在老师家乡成都的武侯祠，就立着一尊关羽塑像。在世界各地，很多华人聚居地都会看到人们以塑像的方式纪念他。这节课，我们不仅“说”了关羽，而且用美术创作的方法“做”了关羽，除此之外，我们还要传承关羽所代表的“忠、义、信、智、仁、勇”的精神，做一个诚信、勇敢、正直的人。

板书设计

忠 义 信 智 仁 勇

面部：红脸、长须、凤眼、蚕眉

服饰：绿袍、英雄巾、铠甲

装备：马、刀

坐如钟　站如松

刘明浩

教材分析

《书法》六年级下册是龙江路小学的校本教材。教材里的范字代表性强，教学内容适合学生，让学生在寓教于乐中感受书法的独特魅力。

学情分析

六年级学生心理逐渐成熟，审美品位逐步提升，通过几年的书法学习，同学们掌握了基本笔画的书写，感受到了中国书法艺术散发出的无穷魅力。艺术的表现，还是离不开基本的技能，所以在课堂上还是要加强对同学们书法技能的训练和文化的浸润以及习惯的培养，为他们以后进一步学习书法奠定基础。

教学目标

1. 使学生了解颜体直撇的势态特征和书写要领。
2. 使学生初步掌握直撇起笔、行笔、收笔的基本运笔方法。
3. 使学生能借助米字格准确地临写出范字的字形结构。
4. 培养学生正确的执笔姿势，使其养成认真书写的习惯。

教学重点

直撇的书写过程，起笔、轻重、方向，中锋行笔把笔力送到尽头。

教学难点

掌握直撇在例字中的写法，做到起伏自然、刚劲有力。

教学过程

一、导入新课

师：同学们，之前我们学了横画、竖画、横折，这堂课，我们将探索撇画的世界，与横画、竖画一样，撇画也是一个非常重要的笔画，今天我们要学习的撇画是哪一种撇画？

生：直撇。

师：对，今天我们要学习直撇。

师：大家都知道，卫夫人是东晋著名女书法家，也是“书圣”王羲之的老师。在她的笔阵图里对直撇是这样形容的。我们一起来读一读，撇如……起：

生：撇如陆断犀象。

师：这句话告诉我们，写直撇时要把它想象成什么？

生：想象成犀牛的尖角和大象的象牙。

师：对，书写直撇时要像犀牛的尖角，大象的象牙，这样书写出的直撇笔画既锐利还有坚硬的质感。由于直撇是先重后轻，所以书写时，我们可以把它想象成锐利的象牙。

二、学习书写步骤

1. 起笔。

师：接下来，我们来学习直撇的书写步骤，谁来说一说？

生：右下顿笔。

师：顿笔后，请注意，起笔的角度是 90 度还是 45 度？

生：45 度。

师：那就告诉我们顿笔的方向是往右和下各顿一……

生：半！

师：对，分量轻还是重？

生：分量重。

师：因为它是整个笔画分量最……

生：最粗的部分。

师：刘老师强调一点，顿笔后要把笔锋调正，做到中锋行笔，这样，笔画才饱满，不会出现锯齿状。

2. 行笔。

师：有了起笔，来说说行笔，在行笔过程中，直撇的方向、轻重要做到哪些？

生：方向往左下。

师：说得好！那轻重粗细呢？

生：慢慢变细，直到出锋。

师：观察得特别仔细。

3. 出锋。

师：在出锋的时候，我们应该做到哪些呢？一起来读一读。

（学生读）

师：请同学们在出锋处，提笔，让笔尖在出锋处站立3秒钟再离开纸面。

4. 教师示范。

师：接下来刘老师给大家演示一下直撇的书写。

（1）起笔：右下顿笔，呈45度，分量重，顿笔后，笔尖要调正，这个非常重要。

（2）行笔：向左下行笔，直撇的倾斜度不变，由重到轻。

（3）出锋：出锋时，手中的力量通过笔尖送到笔画尽头，停顿3秒钟后，再离开纸面。

三、学生练习

1. 书写直撇。

师：请在右边的米字格里书写两个直撇，写完后放笔静息。

（生写，师放古典音乐）

师：除了坐如钟，我们还得注意写字的姿势。

师：好，我们来看一下，大家书写的直撇。谁来说一说你在书写的时候注意了什么？

师：表扬听得最认真的同学。

（生说书写时的感受）

师：说得不错，还有没有其他的建议。

（生点评，提出建议）

我们接着再书写一个直撇，写完后放笔静息。

2. 书写左、右。

（1）左右两字进行对比。

师：写完笔画，我们将在汉字中对直撇进行运用，这两个字字义相反，在横画与直撇的搭配上也有相反的地方，你发现了吗？

（学生举手）

师：说一说你发现了哪些地方不一样，从左字开始。

生：左字，横短直撇长，直撇起笔的位置在横中线上，出头少。

师：说得非常好，因为左字的直撇长，所以直撇要超过横画，直撇是主笔。

师：那右字，谁来说说。

（学生说）

（2）分析左右两字。

除了今天学习的直撇，我们还可以复习以前学习的知识。

比如左字，哪个笔画平行并间距相等？

生：横画。

师：最短和最长的是第几个横画？

生：第二个和第三个。

师：这两个横画挨着直撇没有？

生：没有。

师：（出示左字的辅助线）左边由于直撇超过了横画，所以最后一横要比上面两横长一点，这样左字才能均衡。

师：（出示右字的辅助线）右字由于横长撇短，所以口字和直撇不能超过长横，超出了这个字就不均衡了，口字两边的垂露竖朝里？

生：倾斜。

师：口字的第一横，不封？

生：口。

师：请拿出第二张练习纸，左右两边各书写 3 个，总共 6 个。

左边写左，右边写？

生：右。

（教师播放音乐，学生写）

四、拓展一：书写多字

师：写完左字和右字，我们还要书写一个字，在书写之前，来猜一猜，将要写什么字？这个字的直撇有点……开动你的脑筋，来猜一猜，这个字的直撇有点……

生：有点多。

师：对，就是这个字，多字的直撇有几个？

生：4 个。

师：多字在古代就表示多占了肉食。多字由两个夕字构成，夕代表着肉块儿，两个夕叠在一块儿就表示两份肉食。我们平时说的多吃多占（四川话），就是这个意思。

师：多字不仅直撇多，它的对应点也多，我们来看看：

1. 多字的两个长直撇的起笔位置差不多。

2. 多字的两个短直撇起笔位置也都差不多。

3. 点画的重心在竖中线上，这两个点是支撑整个多字的。

4. 前三个直撇出锋位置差不多。

师：看清楚了吗？请拿出第一张练习纸，在直撇后面接着书写 2 个多字。

（生书写，师点评）

五、拓展二：书写坐如钟、站如松

师：刚才我们书写了多字，多字的直撇确实挺多，但多字只有一个，接下来我们要书写的这六个字是同学们每堂课都要说的，还记得是什么吗？

生：坐如钟，站如松。

师：对，“坐如钟，站如松”出自葛晨虹教授的《中国古代的风俗礼仪》一书，文明礼仪和书法都是中国传统文化的重要组成部分。请拿出这张练习纸，仔细观察这六个字，每个字都包含直撇，你能找出来吗？

生：找直撇。

师：站、钟字里面的撇点可以用直撇的书写方法书写。这六个字比较难，刘老师只要求大家写好直撇，笔画做到横细竖粗、横画平行等距就可以了，写完后，放笔静息。

（生书写，师放音乐，相机点评，并将完成的作品粘在黑板上。）

六、回顾与总结

师：同学们，“坐如钟，站如松”里面蕴含深刻的做人道理，站姿、坐姿不仅是个人的形象，也是对他人的礼貌和尊重，是一个人的基本素质。刘老师希望大家以此警示自己，反省做人做事是否做到了“站如松、坐如钟”。最后我们用一首儿歌来结束直撇的学习。

坐如钟，站如松起：

坐如钟，站如松。

姿势正，品行端。

写好字，做好人。

知礼仪，传文化。

少年强，中国强。

师：同学们，愿你们在日常生活中继续弘扬中华文化、传承中华美德。今天的课就上到这里，谢谢大家。

板书设计

第 8 课　坐如钟，站如松——直撇

卫夫人《笔阵图》撇如陆断犀象	坐如钟，站如松
直撇：犀牛尖角　大象象牙　坚硬　锐利	姿势正，品行端
起笔 45 度—由重到轻—中锋行笔—力送尽头	写好字，做好人
左：横短直撇长，出头少　　右：横长直撇短，出头多	知礼仪，传文化
多：两个长直撇 两个短直撇 起笔位置 差不多	少年强，中国强
两个点画 重心 竖中线 支撑多字	弘扬中华文化
前三个直撇　出锋　差不多	传承中华美德

运动中的自我监控

肖燕云

教材分析

本课为自选内容的体育室内课。随着生活水平的提高，人们认识到运动对于改善身体状况、提高身体素质的重要作用。国家在中小学校大力开展“阳光体育运动”，让青少年树立“健康第一”“每天锻炼一小时，健康工作五十年，幸福生活一辈子”的现代健康理念。但是关于运动，人们还存在着许多认识上的误区。比如，许多人认为运动量越大越好，运动强度越大越好，甚至在身体不适的情况下还要坚持运动，殊不知超负荷的运动会对身体造成伤害甚至导致运动猝死。

本课旨在通过对运动监控基本知识的学习，让水平三的学生掌握一些运动自我监控的基本方法，做到安全、科学、有效、循序渐进地运动。同时，能够运用监控指标调整运动量。

学情分析

我校五年级的学生聪明好动，且有一定的想法及个性，他们有极强的表现欲及参与欲。针对这个特点，我让学生在课堂中充分参与到知识的研究及探究过程中。例如：让学生充分体验运动后身体的变化，将身体变化数值的曲线图展示出来，这又是一种展示成果体验成功的过程。这样不仅会增强学生主动学习的意识，也会增强学生的自信心。

本次课以学生为主体，以展示能力及探究知识结构的学习形式进行制定，创设宽松的学习氛围，这对发展学生的个性及能力会大有益处。知识的拓展也使学生对知识的追求不封顶，培养学生永无止境，继续主动学习先进的体育知识。

教学目标

1. 让学生了解运动心率、靶心率的含义。

2. 通过积极参与活动与体验，能够运用有效方法监测自己的心率，根据监控指标调整运动负荷。

3. 明白运动监控的重要性，增强运动中的自我保护意识，树立体育锻炼的意识。

教学重点

运用监控调整运动负荷，增强运动中的自我保护意识。

教学难点

掌握正确测量靶心率的方法。

教学过程

一、开课视频导入

师：同学们，这些参赛者是因为什么原因，导致了这样严重的后果？

生：运动过量。

师：那么，有没有什么方法能够防止运动过量？

生：测心率。

师：今天，我们就一起来学习测心率的方法，通过心率测试 ，实现运动中的自我监控。

二、基本知识引入

师：请同学们想一想，人体在经过一定时间的运动负荷练习之后，身体会有什么感受？

生：呼吸加快、心跳加快……

师：那看来，人的心率在运动前后的变化是很明显的，那怎样运动才既有锻炼效果，又能保护我们的身体安全，不会有运动过量的情况？这就是我们这节课要认识的一个重要概念：靶心率。让我们一起来了解什么是靶心率，掌握靶心率的目的是什么。（播放视频）

1. 靶心率。（概念：微课视频）

师：运动中，心率只有变化到合适的数值，才会既有锻炼效果，又能保证身体安全。要想知道自己心率是否在靶心率范围内，就必须掌握正确测心率的方法。(播放视频)

2. 测心率的方法。(微课视频)

师：在了解了测试方法后，下面，让我们一起行动起来，实际操作一下，完成自己的心率测试，并在心率变化记录表上记录数据并完成心率曲线图的标注。

3. 靶心率计算公式：10—12 岁小朋友的靶心率范围约为 155—195。

师：在老师发给大家的坐标图上，可以看到一个阴影部分，这就是根据美国心脏协会制定的靶心率计算公式，计算出来的 10—12 岁小朋友一般的靶心率范围。

三、实验

1. 测试安静心率，测试完成后，填写表格。

师：摸到自己的脉搏了吗？老师开始计时了。预备，开始—停。请同学们自选一种方法，在老师带领下一起测试自己的心率。

2. 测试低运动量后的心率。

师：为了更好地体验运动后心率的变化，今天肖老师给大家带来一首非常熟悉的歌，请大家跟着老师跳一段舞蹈。同学们，心率变化到当前的数字，你觉得有没有锻炼效果？为什么？

生：没有达到靶心率。

师：想要知道达到靶心率是什么感觉吗？接下来的环节，就有同学可以体会到了。(出示：靶心率计算公式及范围)

3. 测试连续运动后的心率。

师：接下来，我们再来体验一下连续运动后心率的变化，方法请看大屏幕。四人一组，按照屏幕上的方法轮流测试。

(生测试)

师：为什么有一些同学达到了，一些同学没有达到靶心率？

生：运动量、运动强度、动作的规范程度、运动时间等因素的影响。

师：现在，请每一个没有达到靶心率的同学，再一次规范地完成你所在组的最大运动量，其他同学帮助测试。

师：现在老师来做一个采访，请一位达到靶心率的同学来说一说，身体的感受。

生：心跳加快、呼吸急促、肌肉酸痛、流汗、累……

师：那你觉得这些反应正常吗?

生：正常!

师：孩子们的认识都是很正确的。对于健康人来说，运动之后一系列不适都是正常的，我没测心率，只要心率平稳并且低于靶心率的最大值都是相对安全的。室外体育课的运动量实际更大，如果没有达到刚才身体感受的疲劳程度，说明强度还不够。此外，我们也可以通过身体感受来判断运动是否过量：

(1) 当运动结束后累，如果心率在靶心率上限以下，是安全的。

(2) 当运动结束后累，如果心率超过靶心率上限，要警惕，并且调整运动量，休息好。当运动结束之后几天内还是很累，一定要警惕，必要时就医检查。

4. 测量拉伸运动后的心率。

师：运动，也有一个完整性，循序渐进，有始有终是所有体育运动的基本原则，最后，让我们来做一个小小的实验，看看优美的音乐和舒展的动作能让我们的心率发生什么样的变化。

生：心率变缓变慢了。

5. 讨论。

师：将四次数值用平滑曲线连接起来，形成心率变化图，请学生说说变化图的特征。

生 1：从低心率向高心率变化，再从高心率向低心率变化的过程。

生 2：应该有一个缓慢的过渡过程，既不能一下进入强烈运动，也不能从强烈运动的状态立即停下来，需要用中低强度的运动来过渡。

四、讨论

师：经过今天的学习和实验，现在请同学们来说一说，下面的说法对吗?

(1) 运动量越大越好，出汗越多越好。

(2) 感冒时运动，出身汗就好了。

(3) 运动强度应由低等强度向中等强度过度，到达靶心率的下限后，就说明已经有锻炼效果了，可以停下来了。

五、小结

1. 师：通过今天的学习，我们了解了靶心率，知道了心率的测试方法，并在课中通过练习测试，知道如何运用靶心率来监控自己的体育锻炼，保证安全第一。

2. 请同学们回家后根据自己的身体情况，尝试着制定校外运动计划，并做好记录，通过心率的变化来判断运动强度的强弱，科学地指导自己进行体育运动。

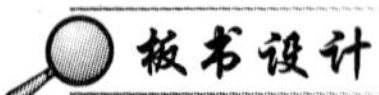

板书设计

运动中的自我监控

靶心率

技巧：后滚翻

陈　欣

教材分析

本课选自于三年级第一学期“多种形式的滚翻活动方法”之第一课时“后滚翻的动作方法”，是在水平一前滚翻的基础上，学习后滚翻，从而提高学生的柔韧性、协调性和空间感；在体能练习中，增强学生的腰腹部力量以及身体的灵敏度。

学情分析

三年级的孩子活泼好动，相对于低段的孩子有更强烈的模仿欲和求知欲，需要教师更多地利用直观性、开放性的教学方式和多样化的游戏来调动他们的学习积极性，同时辅以多元评价的方式来激励学生，从而让学生体验运动的乐趣。

教学目标

1. 能说出后滚翻的动作名称，初步建立完整的动作意识。

2. 在斜坡垫子练习中，能做出后倒、翻臀、推手等动作，能够初步掌握后滚翻成跪撑的技术动作。

发展学生的协调能力、平衡能力。在“骑马+卷腹”等练习中，增强学生的腰腹部力量，提升身体协调性。

3. 在活动中与同伴互相帮助，培养克服困难的意志和品质。

教学重点

学会后倒、翻臀、推手等动作的正确姿势。

教学难点

完成动作时快速、及时，完整性好。

教学过程

一、整顿课堂常规

1. 教师整队，师生问好。
2. 宣布课的内容、任务和要求，进行安全教育。

教学要求：

1. 集合时快、静、齐。
2. 队形：四列横排，密集队形。

二、热身活动

1. 队列练习：原地“踏步+齐步”走。
2. 热身操：健康歌。

教学要求：

1. 做到步调一致，跟上节奏。
2. 在教师的带领下能一起连贯地完成热身操。

组织形式：四列横队（如图）。

XXXXXXXXX
XXXXXXXXX
XXXXXXXXX
XXXXXXXXX

三、授新课

1. 后滚翻的动作方法，由蹲撑开始，双臂推撑要均匀用力，身体后倒，臀部、背部、颈部、头，依次着地，滚动要圆滑。当双脚着地瞬间，迅速抬头，双手支撑推地，上体抬起成蹲撑。

教学内容及顺序：

(1) 复习前后连续滚动。

教学要求：在练习中，双腿并拢，身体贴紧大腿，团身要紧。

(2) 翻掌抬肘练习。

教学要求：在练习中，手心向上，两肘夹紧并往上抬。

(3) 后倒推手的练习。

教学要求：在练习中，后倒要快速，翻掌抬肘手掌触垫用力推。

(4) 后倒翻臀脚尖点地。

教学要求：在练习中，快速后倒，翻臀脚尖点地。

(5) 两人一组斜坡后滚翻。

教学要求：两人相互配合，相互帮助与保护，能够在斜坡垫子上做出后滚翻成跪撑的动作。

安全提示：听从教师指挥，自己不要随意练习，推手及时，保护颈部。

组织形式：四列横队（如图）。

XXXXXXXXX

XXXXXXXXX

XXXXXXXXX

XXXXXXXXX

2. 体能训练："骑马+卷腹"的练习方法。

(1) 骑马练习。

教学要求：在教师的带领下进行前后左右的骑马跳练习。

(2) 卷腹练习。

教学要求：双腿屈膝并拢，脚跟不离地。

(3) "骑马+卷腹"循环练习。

教学要求：听音乐进行骑马和卷腹的循环练习。

组织形式：四列横队（如图）。

XXXXXXXXX

XXXXXXXXX

XXXXXXXXX

XXXXXXXXX

四、结束部分

1. 放松操：自编拉伸操。

2. 评价小结、养成教育。

教学要求：

1. 肢体拉伸时，静控至少 20 秒。

2. 自我评价，积极收还器材。

组织形式：四列横队。

安全提示：保持合理左右之间距离。

3. 回收器材，宣布下课，师生再见。

预计练习密度：60%～70%。

预计运动强度：中。

当我生气的时候

翟　箫

教材分析

本课属于情绪管理的内容，“当我生气时候”是人民教育出版社及四川教育出版社出版的《生命·生态·安全》教材三年级下册的十三课，属于呵护心灵这一单元。

从学习调节生气这种负面情绪入手，培养学生情绪管理的能力。

学情分析

三年级学生已能初步意识到自己的情绪状态，也有自己习惯性的调节情绪方式。让学生初步掌握调节生气情绪的方法，引导学生合理表达自己的情绪，保持健康快乐的心情。

教学目标

1. 认识生气这种情绪及可能产生的危害，初步掌握调节生气这种情绪的方法。

2. 通过体验式活动感受情绪可能带来的危害，在课堂上体验几种调节生气这种情绪的方法。

3. 能够合理表达自己的情绪，保持健康快乐的心情。

教学重点

初步掌握并自觉运用调节生气情绪的方法。

教学难点

学生通过活动体验生气的危害性。

教学过程

一、破冰活动

1. 破冰游戏：包子、石头、臭鸡蛋。

教师说包子学生张大嘴，说石头学生抱头，说臭鸡蛋学生一手捏鼻子一手扇风。

2. 现场测试，并选出两名纪律管理员进行游戏后的评价。

师：游戏时你们一个个面带笑容，而我们之前曾经认识过5种常见的情绪（PPT出示：开心、忧伤、害怕、讨厌、生气）你们现在的情绪应该属于哪一种？

生：开心。

师：那就让我们开心地听一听纪律管理员对我们刚才活动的评价吧！你觉得大家刚才做得怎么样？谁可以得到奖励？

二、认识生气这种情绪

1. 请两位纪律管理员对全班学生进行评价。（教师课前与两位纪律管理员沟通过，故意让两人给出负面评价）

师：我看到有些同学好像想说什么，没关系，你们可以大胆、自由地表达你们的想法，但请先举手发言。（采访4位学生）

师：你有什么想说的吗？

生1：我觉得很不公平，因为我们明明表现得很好。

生2：我觉得他俩在乱说。

生3：我不服。

生4：他俩不能因为几个人没做好就说我们其他人也都没做好。

师：你们现在的心情还是开心的吗？那它属于5种情绪的哪一种？

生：生气。

2. 引出课题“当我生气的时候”。

师：今天我们就来学习新课“当我生气的时候”。

师：你们是怎么知道自己生气了呢？当我们生气的时候，是什么样的感觉？什么样的表现？

师：当我们遇到我们认为不公正的事情时就会生气，这是每个人正常的情绪反应。所以，现在我要跟你们道个歉，因为刚才我骗了你们，其实这两位纪律管理员批评大家是我要求的，不是他们的真心话。现在我们请他俩说说自己的真心话。你们现在还生他们的气吗？

三、了解生气可能产生的危害

师：有的时候生气的情绪就像现在这样来得快，去得也快；不过有时候它可能会过于强烈，持续的时间也更长。你有产生过这种过于强烈的生气情绪的经验吗？请拿出抽屉里的白纸，在纸上写一件最让你生气的事，只用一两句话简单地写。

1. 请三名学生投影出自己的白纸并介绍这三件事。

2. 小实验。

师：请这三位小朋友帮助我，我们一起做个小实验。我给你们一人一个气球，撕下上面的双面胶，在三个过道的中间各粘一个气球，你们站在气球的后面。

现在把一只脚悬空放在气球上，心里想着让你十分生气的那件事，听到我说一，二，三以后，就把这种情绪全都施加到这个气球上。准备，一，二，三！（生踩气球）

师：当我们把自己强烈的生气的情绪施加给气球时发生了什么？

那想一想，这些强烈的生气的情绪在我们自己体内时会对我们产生怎样的影响呢？

师：我国的中医就认为“怒伤肝”，经常生气会让人的肝脏受到损害。

3. 课本解读。

请大家翻开书本第 46 页，我们一起读读“心灵视窗”的这段话：生气是一种常见的情绪反应，每个人都曾感受到过。生气时，如果不注意调节，就会影响自己的健康，甚至会影响我们的思考和判断，让自己失去理智，伤害自己或他人。

四、学生分享自己生气时调节情绪的方法

师：既然过于强烈的生气的情绪会对我们的身心都造成伤害，那么，当我们生气的时候应该怎样自我调节呢？请四人为一组进行小组合作，分享你们调节生气情绪的方法，可以参考课本第 48 页。选择其中你们认为最好的 2～3 种方法进行汇报交流。

1. 呼吸。

2. 转移注意。

3. 倾诉。

4. 沟通。

五、教师指导学生体验几种生气时自我调节的方法

师：接下来我们要在课堂上体验两种常用的调节情绪的方法，当你生气的时候也可以试着这么做一做。

1. 发泄法：撕纸。

师：第一种方法叫作发泄法。

当你生气的时候，你可以在一张纸上写下让你感到生气的事，这一步我们之前已经做了。现在请你拿出自己写有生气事件的白纸，静静地注视着它、感受它。

在听到老师说出一，二，三的口令后，就将它按你的心意去揉搓或撕碎，当同学拿着垃圾桶经过你时，就把你张带有生气的坏情绪的纸丢进垃圾桶去，跟它说再见。体验的时候请注意，发泄法不是随意发泄，而是把你生气时想搞破坏的情绪用一种更让人接受的方法发泄出来，避免我们因生气而伤害自己或他人。

师：请你说说现在的感受？

生：感觉到轻松/没什么感觉。

师：看来这种方法对你有些帮助/如果这种方法不太适合你，不过没关系，一会儿我们还可以再试试第二种方法。

2. 呼吸放松法。

师：第二种方法叫呼吸放松法，一会儿老师会放一段轻柔的音乐，你们在这个过程中要全程闭上眼睛，安静地听从我的引导来做。我说清楚了吗？

现在，请先做好准备，坐端你的身体，把双手轻轻地放在桌面上，放松你的身体，慢慢地闭上眼睛。

请缓缓地吸气，慢慢地呼气，吸气，呼气，吸气，呼气……好像把那些生气的情绪都从身体里呼了出去。

现在，用你的耳朵去听，你可以听到哪些声音……或许你会听到……

继续调整你的呼吸，吸气，呼气，缓缓地吸气，慢慢地呼气，吸气，呼气……

现在用你的皮肤和全身去感觉……或许你会感觉到空气中温热的感觉，你会感觉到衣服给你一种很柔软的感觉，你会感觉到手掌下的桌面光滑平整的感觉，你会感觉到脚下的地面坚硬稳固的感觉……

现在继续调整你的呼吸，缓缓地吸气，慢慢地呼气，吸气，呼气，吸气，呼气……

师：你现在的感受。

六、师小结

调节生气这种情绪的方法是多种多样的，每一种方法不一定都适合每个人，不过还好这节课我们学到了这么多种方法，我们可以一一去尝试，找到适合于自己的调节生气的方法。最后，老师祝愿大家今后的生活中都能少点生气，多些开心！

板书设计

当我生气的时候

认情绪：生气

知方法：____________ 1. 发泄法

____________ 2. 呼吸放松法

____

生命奥秘——小辫子和小平头

庞月红

教学内容

本课是“认识自己身体及其成长变化”系列主题中的一课，是针对一年级学生入学后身体发育的阶段特征设计的。鉴于这个年龄段的孩子已经普遍能意识到性别差异，有羞耻感和好奇心，本课旨在帮助学生正视男孩和女孩的身体差异，树立性别意识，接纳自己的性别特征，增强相互尊重和自我保护的意识。

教材分析

“生活·生态·安全”课程是一门以儿童的社会生活为基础，帮助学生建立生命与自我、生命与自然、生命与社会的和谐关系，逐步学会关心自我、关心他人、关心自然、关心社会，培养学生积极的人生态度和健全的人格，帮助学生健康成长的实践性课程。

学情分析

本课是“生活·生态·安全”一年级下期教材中的教学内容。孩子们从幼儿园进入小学，是人生中一个重要的跨度点，经过半年多的小学学习、生活，他们逐步适应了学校的学习、生活环境，在这个阶段进行性别教育是有必要的。这个年龄段的孩子已经普遍能够意识到性别差异，对性别差异在社会行为方面有哪些表现有着朦胧的意识，且好奇心较强，表现出有一定的羞耻感意识，但这种羞耻感意识还很淡、很模糊不清。老师应该对他们进行此方面的教育，以帮助他们树立性别意识。

教学目标

1. 帮助学生认识人的性别差异在社会行为方面有哪些表现及社会习俗对

不同性别在行为方式上有哪些不同的规定。

2. 帮助学生理解性别形成的生理基础，这是接纳自我性别特征和社会角色的基础，也是进一步理解性别平等的基础。

3. 以自己的性别为自豪，初步树立异性交往过程中的相互尊重和自我保护的意识。

教学重点

帮助学生了解性别差异的生理基础和由此为出发点的性别平等的社会学含义，帮助学生初步树立异性交往过程中的相互尊重和自我保护的意识。

教学难点

帮助学生使其明白，性别差异不仅是一种生理的差异，更是社会习俗对不同性别的行为进行规范的结果。

教学过程

一、生命小问号

直观引出话题："男孩和女孩不一样"，让学生浅显认识性别差异产生的生理原因，并知道性别产生的偶然性，粗浅认识不同性别的社会角色和行为模式。

1. 性别特点。

生齐读课题"小辫子和小平头"。

（师出示图片小辫子、小平头）

师并问班上同学有小辫子吗，有小平头吗。马上就有学生自豪地表示自己是小辫子或小平头。师解释说这里的小辫子就是小女生，小平头就是小男生。小朋友都知道性别分男女，但不知道怎样分辨他（她）是男生（女生）呢？对了，可以从他（她）的着装、行为等方面看出他（她）是男生还是女生。

2. 小游戏：考反应，看谁判断得快又准。

老师口令"小辫子、小平头"。当喊到小辫子时，女孩子应站起来；当喊到小平头时，男孩子应站起来。提示学生记住自己的性别，可别判断错了。

3. 找差别。

阅读教材第 9 页第一句话："男孩和女孩不一样啊！"看教材第 9 页前两幅图，从发型、服装、行为观察四个人物的特点。

4. 人之初。

①师问生：生男孩还是生女孩是由爸爸决定的还是由妈妈决定的？看一段视频《生命开始曲——受精的作用》，师解说。重识生命之初是由受精卵开始的这一过程，认识生命的诞生是神秘而艰辛的。

②阅读教材第 9 页第二句话：“是男孩还是女孩，是由进入卵细胞的那个精子决定的”，勾画重点字词“精子决定的”。

二、生命小秘密

这部分的教学内容直指性别特征，通过两个婴儿两性身体的差异进行教学。重点在引导学生认识同性和异性交往的行为界限，要相互尊重、平等相处，懂得保护自己的小秘密。

1. 判断男婴女婴。

阅读教材第 12 页第一句话，看教材第 10 页的两幅图，师问：谁是男婴？谁是女婴？学生根据已有知识，很容易就判断出来谁是男婴和谁是女婴。

2. 身体秘密要保护。

①阅读教材第 12 页第二句话，在老师的指导下，勾画重点词句“性别”“秘密”，“不可以随便被人看见或者触摸”。师再强调这些重点词句并让学生进一步理解记忆。

②找一找身体禁区。师出示图片稻草人贴于黑板上，请两生分别在男孩稻草人和女孩稻草人身上找出身体禁区部位，并把磁铁标志放在找出的相应的身体禁区部位上。学生很容易找到男孩稻草人身体禁区为下身和臀部，女孩稻草人身体禁区为胸部、下身和臀部。师再次强调这是身体的秘密，不可以随便被人看见或者触摸，懂得保护自己的小秘密。

3. 小游戏：身体小侦探。

过渡环节：播放视频《找朋友》，跟着视频中的小朋友一起唱唱、跳跳，先成为好朋友再做身体小侦探游戏。

同桌两人一组，随老师的口令做动作，若指令动作令你觉得不舒服，一定记着大声说“不”。口令为“拍拍手”“握握手”“拍拍肩”逐步过渡到“摸摸头”“摸摸脸”“摸摸腿”“抱一抱”。

小结：我们身体有“禁区”，别人的“禁区”不能碰，自己的“禁区”也不能被别人碰。要知道保护自己哟！

4. 问答。

在日常生活、学习中，哪些情况需要保护自己的小秘密？

生答：上厕所、洗澡、换衣服……

5. 学习儿歌《关关门》。

小朋友，要记牢，进厕所，门关好。身体禁区要保护，我的秘密我知道。

三、生命小智慧

1. 穿衣服的稻草人。

①询问学生稻草人的作用——是为了更好地防止鸟来田地里寻食，保护农作物，农民伯伯、阿姨要为稻草人穿上衣服。引导学生为稻草人设计衣服。

②观赏一组 PPT 图片，了解服装的发展历史。引导学生通过观察图片，理解在人类发展的过程中，服装的功用从御寒逐渐发展至遮羞与审美。

③为稻草人穿衣服。

PPT 出示：男女童装图片各一套，请两生分别为男女稻草人穿衣服。

PPT 出示：教材第 11 页，画一画。设计两套衣服，把你认为不可以让别人看见的身体部位遮挡起来，涂上花纹和颜色。展示作品并交流。鼓励学生谈谈自己喜欢的服装。

2. 快乐男生，快乐女生。

①PPT 出示：教材第 12 页，给你喜欢的玩具画圈。

②统计最受男生喜欢的玩具和最受女生喜欢的玩具是什么。得出男生、女生喜欢的玩具是不同的结论。

总结：今天我们学习了小辫子和小平头，小辫子和小平头分别就是小女生和小男生。小女生和小男生在出生时就长得不一样，他们各自有自己的性别特征。随着年龄的长大，性别特征就成了自己的秘密，不可以随便被人看见或者触摸。请小朋友们要记牢，在日常生活、学习中要有保护自己身体小秘密的意识。

小辫子和小平头

小秘密——性别特征 { 女生…… / 男生…… } ——有区别——要保护、要尊重

《重走长征路》电子小报制作篇

梁洪琛

教材分析

"重走长征路"是四川省教育出版社信息技术教材6年级上册中第四、五课的内容，共两个课时。第1课时是"《重走长征路》电子小报筹备篇"，主要任务是了解报纸的一般知识，并完成对word操作的技术准备与回顾，为第2课时制作小报打下基础。

本课是小报制作的第2课时，主要任务是让学生了解电子小报的版面设计要求，并完成电子小报的制作，

学情分析

本课教学对象是小学六年级学生，对于word的基本操作已经学过，但是还需要对旧知进行回顾，因此，第四课已经通过完成小报的准备篇，为本课正式制作小报做好了技术准备。

本课是电子小报制作的第2课时，在第1课时中，学生已经练习了刊头的制作，了解了电子小报的组成部分。本节课，学生结合上节课刊头制作的知识和本节课新授知识——版面设计，在老师提供素材的前提下，完成电子小报部分的制作。

教学目标

1. 通过对比，对电子小报具有良好的鉴赏能力。了解电子小报版面设计的一些简单方法。能用word相关知识尝试电子小报的版面设计。

2. 在小报各个栏目的制作过程中，学习利用工具加工表达信息的方法，了解并掌握电子小报的制作过程。通过观看演示、互动评价交流等形式，学会与同伴沟通、协调合作。

3. 感受长征的艰辛，体会胜利的不易，弘扬伟大的长征精神。通过欣赏

优秀作品，并亲身体验制作过程，感受信息技术在生活的实际运用。

教学重点

了解版面制作的设计要求。

教学难点

根据栏目内容设计，能突出主题地进行版面设计。

教学过程

一、引入

师：小朋友们，还记得这学期我们学校开学典礼的主题吗？

生：“有信仰，有力量”。

师：你知道这个主题是为了纪念什么日子吗？

生：长征。

师：2016 年是红军长征胜利 80 周年，正是以长征胜利作为起点，中国革命才得以取得最终的胜利。看看下面这段视频，让我们一起回顾这段艰难的岁月。（出示视频《公益广告——金色的鱼钩》）

师：纪念长征，是为了铭记历史，今天这堂课，我们将重走长征路（引出课题并板书），用自己的方式向这一伟大壮举致敬。看完刚才的这段视频，是不是心中已经充满了对革命先烈的赞叹和敬佩呢？上节课，我们了解了电子小报的基本知识，今天我们就用这种方式来缅怀先烈。

二、完成栏目设计表

1. 出示课堂任务一。

师：下面是梁老师为大家准备的有关长征的素材，请你根据资源包中的图片和文字资料，和同桌一起讨论，共同完成一份栏目设计表。

2. 学生完成课堂任务一。

三、版面设计的要求

师：你准备从哪里入手开始制作小报呢？我们都曾做过手抄报，其实电子小报和手抄报具有异曲同工的作用，回想一下，我们是在什么上面做的手抄报呢？

生：白纸。

师：所以，电子小报的第一步就是：在 word 中设置合适的纸张大小，为了尽量增加使用的面积，我们通常要适当地缩小页边距，比如设置页边距为上下左右各 0.5 厘米。

接下来，版面设计根据我们栏目设计表的内容，进行版面框架的布局。从这张小报中，我们不难发现，除了用文本框的方式，我们还可以用自选图形的方式来制作栏目的样式。

设计好整体的布局，就进入刊头和栏目的制作了。那么，进行版面设计时要注意什么呢？下面我们一起来看看下面的这些小报作品。下面的两幅小报中，有一幅小报是有明显缺陷的，你能看出来吗？

生：左边的小报整齐、清晰，而右边的小报杂乱。

师：再看看这两幅图，你觉得哪幅图是有明显缺陷的？

生：插图与文本无关联、图片繁多且杂乱、图片样式过于花哨。

师：由此，你能总结出我们在设计小报的时候，要注意什么吗？

师：插图要突出主题，整体简约。最后，我们来看看这两幅图：哪副小报插图给你的感觉更舒适呢？为什么另一幅图不好看？

生：颜色搭配刺目，栏目排列不整齐。

师：所以，我们在颜色的选择上一定要注意色彩相近，在布局上要做到美观。通过以上的对比，我们总结出了以上的四个设计要点，总结这四个要点使我们知道做小报的整体要求就是要简约。

师：完成了版面设计后，我们就可以进行刊头和各个栏目的制作了，在前期制作中，不需要对文字的颜色字体等过多地进行美化，当整体版面效果形成后，最后才是整体调整。

四、制作小报

1. 了解制作的流程和需要注意的地方。

2. 出示课堂任务二。

师：根据自己的栏目设计表。

（1）完成版面设计。

（2）完成刊头制作。

（3）完成 2～3 个栏目的制作。

3. 同桌之间根据之前设计的栏目设计表，分别进行小报制作，完成任务二。

五、学生展示

展示具有代表性的学生作品，1. 学生作品 2. 学生作品 3. 并予以点评。

六、结束

师：看了同学们制作的电子小报，我感受到你们制作过程中的用心，你们通过今天的主题活动——重走长征路，收获的不仅是能够综合运用 word 中的技巧，制作出简约美观的电子小报，更多的是了解了革命的艰辛，学习了长征的历史，以此为长征精神献礼。长征是一段永远不可遗忘的英雄岁月，是恢宏史歌般的荣耀，是我们获取精神力量的重要历史记忆。下面，让我们在毛主席的一首诗中结束今天的课程。

板书设计

《重走长征路》——电子小报制作篇

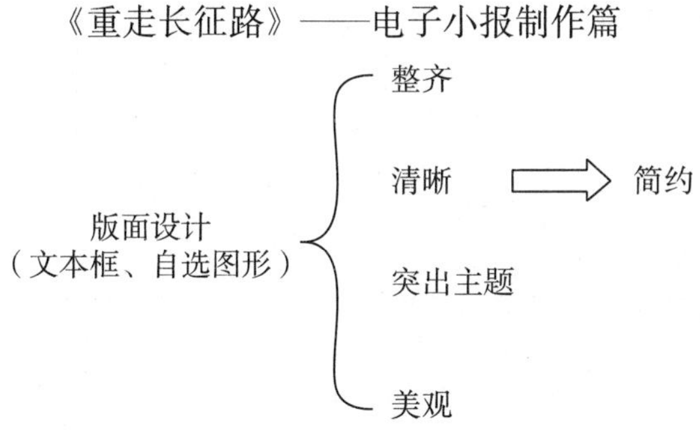

教学论文

“由课内走向课外的经典群文阅读实践研究”结题报告

——3-6 年级小学生经典群文阅读研究

刘静红

一、研究背景

（一）现状分析

教学中，老师们常常忙于交课本、赶进度，课堂上解读课本解读得支离破碎，对于语文学习，教师直接灌输知识，学生则变成了被动接受的容器。在这样的学习状态下，学生无法对阅读产生浓厚的兴趣。老师虽然也在提倡课外阅读，但课外阅读碎片化，学生可以随意自由选择阅读方式，阅读指导成了空谈。

中学学习，需要学生具备丰厚的阅读积淀。为要做好中小学衔接，老师应有意识地引导学生积累大量具有历史典故的成语，同时为文言文学习铺垫必要的知识点。

基于此，我确立了“由课内走向课外的 3－6 年级小学生经典群文阅读实践研究”这个课题。目的是为了教给学生阅读方法，使学生不断地积淀知识、增长人生的感悟……

（二）社会需要

教育的本质是什么？它应该是一朵云推动另一朵云，一个灵魂唤醒另一个灵魂。它在于培育人的丰富的内心世界，提升人的精神高度。中国是一个文明古国、礼仪之邦，中国的传统教育就是培养君子人格，大家约定俗成地就是做谦谦君子：知书达理、温柔敦厚。

泰戈尔曾经说过：“不是棒槌的打击，乃是水的载歌载舞，才使鹅卵石臻于完美。”人们只有浸润在自由、民主的幸福氛围里，沐浴在温馨和博大的人性光辉中，纯真的灵性、天性和人性、个性才能和谐统一。阅读经典应该是毋庸置疑的选择。

二、研究成果

课内阅读是课外阅读的基础，课外阅读是课堂阅读的拓展和延伸。为了让课本中散点的人物故事有宏大的历史背景做支撑，让人物形象立起来，亟待推荐历史小说；教育者不光要关注学生的小学六年、中学六年，还要关注学生人生的60年。鉴于此，更需要推荐“以史为镜、以人为镜”的历史小说阅读指导。

（一）实施路径

首先，我们要学习理论，以提高理性认识。接着，我们确定国学经典阅读篇目，查找各类相关书籍，积极安排并实施阅读计划，实施路径概括如下：

1. 推荐书目。

在班级课外特色经典阅读书目中，推荐《东周列国故事》《西汉演义》《三国演义》《水浒传》师生共读的这四部历史小说。

2. 自主阅读。

学生主要在每个周末和寒、暑假自主阅读，独立阅读各个章回，及时完成《读书卡》（佐证）。每部小说的阅读历时一年左右（包括初读、再读、精读、比较读）。

3. 集体赏析。

每周国学课上分享交流：各个章回的经典情节、典型人物、涉及的成语、熟语。完成有关人物形象分析的小练笔或手抄报。

4. 比对异同。

统整各章回，抓全文主线或主要人物形象分析，围绕话题、议题进行对比阅读及讨论。集中于每学期的学校示范课或各类接待课、家校交流课中进行交流、分享与展示。

（二）阅读议题

群文阅读重在话题的讨论。选择合理的话题有利于更好地指导学生的有效阅读。本课题研究人员根据学生阅读兴趣，结合学生的生活实际与社会热点话题，开展深入的话题讨论。同时积累成语典故，加强文学素养的有效提升。

议题一：说“兄弟情”，议“女性美”。

学习步骤：①自读——浏览相关故事，把握人物形象与关系；②小组合作学习，梳理并填表。

讨论意义：了解人物形象与关系，有利于引导学生懂得在生活中如何交友。

1.《东周列国故事》里的兄弟情。

章回故事	人物	兄弟情（类型）
《管仲拜相》	鲍叔牙、管仲	坚不可摧
《五羊皮》	百里奚、蹇叔	
《搜孤救孤》	程婴、公孙杵臼	生死之交
《过昭关》	伍子胥、东皋公	
《将相和》	蔺相如、廉颇	冰释前嫌
《摘缨会》	楚庄王、唐狡	
《孙庞斗智》	孙膑、庞涓	反目成仇
《伐子都》	颍考叔、子都	

2.《东周列国故事》里的女性美。

章回故事	美丽女性	行为后果	历史评价
《烽火戏诸侯》	褒姒	使周幽王丢了性命与江山。	祸国殃民
《蜜蜂计》	骊姬	设计陷害太子，反误了儿子的卿卿性命。	
《卧薪尝胆》	西施	成了越王迷惑吴王的献身者。	名垂千古

议题二：说“性格异”，议“人性美”。

1. 评说《西汉演义》里的韩信

学习步骤：①自读：略读相关故事，把握人物性格特征；②小组合作讨论，填写表格；③全班交流，完善表格。

讨论意义：了解人物性格和命运，有利于引导学生学会做人做事。

章回故事	韩信性格	
	优点	弱点
《追韩信》	忍辱负重 自强不息 叱咤风云	患得患失 犹豫狐疑 自恃功高
《暗度陈仓》		
《智下三秦》		
《破魏灭赵》		

2. 评说《水浒传》中的多个人物。

学习步骤：①小组合作交流：回顾印象最深的场景，从中提炼人物性格特征；②全班口头交流，教师板书最佳答案。

讨论意义：了解人物性格和命运，有利于引导学生学会做人做事。

人物	诨号	章回故事	突出的性格特征
李逵	黑旋风	《李逵下山》 《李逵元宵闹东京》 《李逵扯诏》	鲁莽率直
鲁达	花和尚	《拳打镇关西》 《倒拔垂杨柳》 《醉打山门》	仗义刚正
武松	行者	《景阳冈打虎》 《血溅狮子楼》 《大闹快活林》	勇武利落
……			

3. 评说《水浒传》中的领导智慧。

学习步骤：①自读：略读相关故事，完成表格前两列；②全班交流：联系生活实际，古今对比，补充后一列。

讨论意义：了解人物性格和命运，渗透管理艺术，有利于引导学生学会做人做事。

章回故事	头领	行事特点	古今比对
《林冲雪夜上梁山》 《杨志卖刀》	王伦	设法拒绝、百般刁难	个体经营户
《智取生辰纲》	晁盖	来自江湖，有大哥做派	家族企业董事长
《闹江州》	宋江	仗义疏财、谦卑爱才	国企总裁

议题三：说“成语典故”，议“作品价值”。

文史是一家，历史的瞬间常常演绎出许多经典的文学典故、成语故事。

东周时期，演绎出的成语约有 200 个：唇亡齿寒、纸上谈兵、毛遂自荐、二桃杀三士……

西汉时期，西楚霸王项羽、淮阴侯韩信的故事千古流传，演绎出的成语、熟语，成为中华文化中一道独特的风景。

1. 说典故，学成语。

学习步骤：①学生分组讲述故事；②师生梳理成语，比较异同；③说说成语的意思。

讨论意义：学习成语典故，深入了解人物形象，积累文化精髓。

章回故事	主要人物	提炼成语
《烽火戏诸侯》	周幽王—虢石父—褒姒	千金买笑
《掘地见母》	郑庄公（寤生）—共叔段—姜氏—颍考叔	多行不义必自毙
《诛石厚》	卫国石碏—州吁—石厚	大义灭亲
《管仲拜相 》 《齐桓称霸》	管仲—鲍叔牙—齐桓公（小白）	管鲍之交、勿忘在莒、老马识途
《唇亡齿寒》	虞公—宫之奇—百里奚 晋：荀息—里克	假途灭虢、唇亡齿寒 欲加之罪何患无辞
《重耳复国》 《晋文图霸》 《城濮之战》	重耳（晋文公）、楚王	退避三舍
《晏子相齐》	齐相晏子	摩肩接毂、二桃杀三士
《卧薪尝胆》	越王勾践—吴王	卧薪尝胆
《将相和》	蔺相如—赵王—秦王—廉颇	完璧归赵、负荆请罪
《血染长平》	赵奢之子赵括	纸上谈兵

2. 议“作品价值”。

议《三国演义》与《水浒传》的社会意义，是针对“少不读《水浒传》”的观点进行的辩论，引导学生在比较异同中感受作品价值。

同：这两部小说都产生于乱世，都描写了一定规模的战争形态，都渗透着浓厚的英雄主义，都反思着人类行为的哲学命题。

异：《三国演义》与《水浒传》在思维方式、态度、气势、属性、意识上都各具特点。

结论：对于文学作品，请允许百花齐放，请允许多元化。

三、研究成效

本课题研究符合《语文课程标准》对小学中、高段学生阅读训练的要求。本课题从课内阅读向课外阅读延伸，以关注学生个体感悟为主，充分发挥学生的主体作用，充分体现生本性原则、生动性原则、生活性原则、生长性原则。

（一）提高了学生的文化素养

如今，文化时代正在悄然来临，文化是未来的经济。文化是民族的血脉，文化是人类的精神家园。文化不提倡融合、迁就，就会消失。

从文化层面看，读精品就有了坚守，文化就能保持真正的尊严和价值；从个体层面看，涵养了学生的文化素养，在主动阅读、趣味阅读的过程中，学生逐渐成为内心平静、喜悦的人。

（二）提高了学生的表达能力

学生经过阅读，提高了语言表达能力。学生积累了带历史典故的成语200多个，特别是在分析古代人物或描述成语典故的口头表达、书面表达中，能正确使用特定历史阶段人物的称谓、官职和生活习惯用语，不会出现古文和现代表达混为一谈的滑稽现象。

（三）加深了学生的人生感悟

让学生交流阅读的收获与心得，就是肯定学生自主阅读的能力，相信学生拥有一定的鉴赏能力，是教师尊重学生在学习中的主体地位的表现。课堂氛围民主和谐，学生得到老师的信任，心里就轻松了，就能积极思考、大胆表达。学生使用的《读书卡》《经典作品小报》是他们对长篇历史小说阅读的兴趣和快乐的最好证明。

纸质阅读赋予我们身心向上的力量，是对沉重心境的解放，人们会因阅读而获得心灵的洁净。阅读经典（文学著作、音乐、绘画名作等），让自我生命能量的频率和经典的能量频率相应，从而学会智慧做人与做事。

（四）促进教师的持续生长

学生交流阅读议题，在群文比对中渐渐激发了学生自我提高、自我发展、自我完善的个体意识。这种课堂也激发了教师的知困意识、探究意识。有了这两种意识，就能促使教师多读多看。所以，本课题的研究也促使了教师的持续发展。

四、课题研究反思

我们的课题研究虽然取得了一些成果，但还有很多东西有待进一步钻研。在“课内阅读与课外阅读相结合”课题的研究活动中，经过大家的碰撞，区教科室的各位老师、省教科所专家的点拨、指导，达成共识：阅读一部著作的多个章回，大故事套小故事，是群文阅读；几部著作多角度比较异同，还是群文阅读。

或许目前，此次微课题研究与轰轰烈烈的省、市级群文阅读的研究还有一定的距离，但一线教师会继续努力，使群文群读更为有趣、深入、有效。

深化古诗教学研究　提升学生语文素养

——浅谈小学高段群诗阅读教学

文宣尹

统编教材增加了古诗文传统文化占比，古诗文教学在义务教育阶段语文课程内容设置中被提到更高的位置。古诗文作为语文教学中一个必不可少的版块，肩负着传承历史文化的使命。如何较好地达成阶段性目标，提高学生学习古诗文的能力，大量的诵读和积累无疑是有效的方法。在教学中把古诗文一组一组地组合在一起进行群诗阅读教学，也是一种大胆的尝试。群诗阅读教学就是在一堂课的教学时间里，教师围绕一定的主题或议题，提供多首古诗文进行阅读教学，进而帮助学生进行古诗文的积累和感悟。在平时的教学中，我们年级教研组尝试进行了一系列的群诗阅读教学，取得了不错的效果。

一、理解同一诗人的不同诗作

中华民族人才辈出，每个朝代都涌现出大量的优秀诗人，为后世留下无尽的财富。通过读诗，我们能感受到诗人们各自不同的特点，李白的飘逸洒脱、杜甫的沉郁顿挫、白居易的平白清新、苏轼的旷达豪迈……在教学时，我们往往将同一诗人的不同诗作整合起来，引导学生探讨诗人的诗风。

在学习王维的《鹿柴》时，我们选择的群诗是《画》《山居秋暝》《鸟鸣涧》《竹里馆》《使至塞上》。在学习的过程中，通过让学生想象画面、练字练句、比较诵读，感受“诗中有画”的诗画美、“形神兼似”的空灵美、“和谐统一”的声音美，进而感受到王维清新淡远、自然脱俗的风格以及“诗中有画，画中有诗”的意境。

二、品读同一主题的不同诗作

群文阅读就是围绕一个或多个议题选择一组文章，以一定的方式组合在一起，指导学生阅读，并在阅读中提出自己的观点，进而提升阅读力和思考力。群诗阅读也是如此。如何进行主题式整合，我们进行了大胆的尝试。

（一）按同一景物整合写景古诗

水是万物之源，也是诗人笔下最常见的景物之一。在学习了《过分水岭》和《饮湖上初晴后雨》这两首以"水"为主题的古诗后，为了让学生进一步体会古诗中"水"的不同的美，我们设计了一堂群诗阅读课"走进诗中水"。在课堂上，孩子们"觅水踪"——在古诗中寻觅水的踪迹，"观水色"——欣赏诗句中色彩斑斓的水，"观水形"——观赏诗句中水变化万千的形态，"品水性"——品味水中蕴含的诗人情怀。让学生通过诵读诗中水，感受水的色美、形美、情美、性美。

群诗阅读课"诗中明月"，通过诵读《古朗月行》《山居秋暝》《出塞》《泊船瓜洲》探究学习古诗中关于"月"的不同意象，品读诗中月，理解不同的月光给人不同的情感感受，了解古人对"月"的特殊情感。感受古人借景抒情、情景交融的写作手法。

不光是水和月，常见的荷花、梅花、杨柳、雨、雪等都是诗人们喜欢描绘的自然景物。可以让孩子们在平时的学习中，将积累的古诗按一定的主题进行分类，不仅条理清晰、方便积累，更能激发学生浓厚的兴趣，调动学生积极主动地参与学习，学习效果会更好。

（二）按春夏秋冬四季整合写景古诗

古诗中有不少描写一年四季不同美景的诗句，让我们懂得春的明媚、夏的灿烂、秋的明净、冬的圣洁。我们将这些诗按一年四季进行整合，既帮助学生把握诗中季节的景象，又能很快整理出诗句中不同季节所特有的情境与情意。

春天绚丽多姿，也是诗人们外出踏青、赏花游览的好时光。我们带领学生在"天街小雨润如酥，草色遥看近却无"中感受早春的朦胧，在"人间四月芳菲尽，山寺桃花始盛开"中体会诗人奇遇春景时的惊异和欣喜，在"清明时节雨纷纷，路上行人欲断魂"中感受诗人的满怀哀愁，沐浴在"随风潜入夜，润物细无声"的蒙蒙细雨之中……

春的多彩、夏的缤纷、秋的伤感、冬的含蓄，在诗人的笔下，一年四季，姿态万千。在诗海中，我们和孩子们一起寻求四季广阔的天地，体验诗的神奇。

（三）将同一类型的古诗进行整合

从内容上看，古诗分为田园诗、送别诗、思乡诗、边塞诗等多种类型。在教学时，我们可以将同一类型的诗歌进行整合。

崇尚友道、珍惜友情是中华民族优秀的民族精神，千百年来，家国故土之思、骨肉亲人之念、挚友离别之感，成了文人笔下反复咏叹的主题。“送别”也成了古典文学中的重要内容，送别诗成为唐代诗歌中的重头戏。而诗人特殊的社会背景和人生追求，使得送别诗各具特色。同是送别诗，有送亲人的，如《别舍弟宗一》；有送朋友的，如《送杜少府之任蜀州》《送元二使安西》《送孟浩然之广陵》等。诗词中，诗人用不同的手法抒发了自己的情感，有人直抒胸臆，有人借景抒情。对友情的描述，或夸张，或含蓄，或鼓励，或不舍。送别诗中还有不少常见的意象，长亭、古道、渡口、芳草、杨柳、笛声、浊酒、晚风、月夜，它们常常被诗人们交织在不同的作品中，共同承担起烘托、渲染或写照、象征离愁别恨的使命。学生们通过诵读、比较、想象，更好地感受诗文意境，加深理解，并留下深刻印象。

三、对比描写相同事物抒发不同情感的诗文

我国古代文人写诗，往往用借物抒情、托物言志的方法，将人的情感赋予物，借物以抒发人复杂纷纭的情感。

不少诗人都曾以《卜算子·咏梅》为题作诗，其中以陆游和毛泽东的《卜算子·咏梅》最为有名。两首诗中，梅的姿态是不同的。

同样的词名，同样的题材，但由于词人所处的时代不同，性格不同，经历不同，审美情趣不同，因而词所表现的内涵明显不同。真是同样的词名和题材却是别样的风采。一个“驿外断桥边，寂寞开无主。已是黄昏独自愁，更着风和雨”，一个“风雨送春归，飞雪迎春到 。已是悬崖百丈冰，犹有花枝俏”；一个“无意苦争春，一任群芳妒”，一个“俏也不争春，只把春来报”；一个凄凉愁苦，一个坚强无畏。通过想象画面、了解背景、体会感情，进一步体会了相同题材的诗，因为不同背景表现出的不同感受。

诗词教学在小学语文教学中占有重要的地位。在小学高段尝试进行群诗阅读教学，希望以此激发学生的学习兴趣，促进学生的积累，同时提高学生自主学习古诗的能力和阅读感悟能力。

学习古诗词，也是弘扬民族文化与传统的过程，学生在学习的过程中，受到中国优秀传统文化潜移默化的熏陶。随着孩子们生活阅历的不断丰富，现在播下的传统经典的种子，定会繁花锦簇。

单元整合教学的实践研究

吴让洁

《语文课程标准》（2011 年版）就其课程性质指出：“语文课程是一门学习语言文字运用的综合性、实践性课程。”在课程总体目标与内容中也特别提出：“在发展语言能力的同时，发展思维能力，学习科学的思想方法，逐步养成实事求是、崇尚真知的科学态度。”由此可见，语文课程应致力于语文核心素养的语用能力和思维能力培养。这种语用能力正如西南大学荣维东教授所说：“人的语言能力不仅是指对语言符号的感知与记忆，更应该是指人们在复杂的语言环境中灵活得体地运用语言，并科学或艺术地达成交际意图的能力。”[1]“真实高效的语文能力应该是一种语用型的语文能力，其实质是一种灵活应付不同情境中语言交际任务的能力。它包括对言语交际的不同对象、目的、场合、功能、效果等的熟练精准把握，运用语言时需要具有对象意识、目的意识、语体意识、语境意识等。”[2]然而，语文教材通常是以内容思想主题编写，日常语文阅读教学往往也依照单元主题一篇一篇地教学，局限于对语言文字表现的内容思想感知、理解，忽略对课文表达形式和思想方式的感受、把握，难以全面培养起学生真实实用的语文运用能力，更好地发展学生的思维能力。

基于以上认识，在开展“单篇群文整合，提高小学生高阶思维能力实践研究”中，我遵循语文课程性质与教学规律，按照单元整合教学的理念，尝试设计了北师大版小学语文教材四年级下册第四单元“手”的单元整合教学方案，以及其中协同教学的群文阅读教学“神奇的手”。

现将具体整合教学方案和整合的群文阅读教学“神奇的手”设计思路与教学要点等简要解析于下：

一、分析单元内容目标，精准提炼阅读议题

单元整合教学的第一步，在于分析单元教材思想内容与表达形式等方面的特点，以及教学目标指向与学习语言文字运用方面的教学缺憾等，确立一个具有结构性特征，有利于单元整合教学，有利于帮助学生形成某方面语用能力的

教学聚焦点。以此聚合相关教学内容，拓展目标要点，扩大教学效应，体现整合的作用与意义，并为提炼整合教学的群文阅读议题奠定认知基础和思维方向。

“手”这一单元，教材围绕“手”的主题，从友爱、劳动、科学知识等几个角度选编课文，包括一首诗歌、一篇记叙文和两篇说明文（含“语文天地”中的一篇自读文）。这些课文不仅分别写出了手本身的特点、形态、性格和功能，还从不同角度写出了手在社会生活中传递情感、创造奇迹等方面的神奇作用，表达了对手的赞美之情。引导学生聚焦“神奇”。整合本单元的课文阅读，不仅有利于帮助学生体味每篇课文中手的神韵，集合体验、增强感受、全面认知，还有利于启迪观察事物的多样视点与思路，提高表达能力。所以，我既在课文阅读时，引导学生感受课文表达的友爱、劳动、科学知识等思想内容，又从内容描写的具体指向——即生理特点功能、传情达意作用、劳动创造奇迹等视角，以“神奇的手”为议题，组织相关的多元文本进行群文阅读教学，集合感知内容描写的不同侧面，具体落实语用表达方面的认识。

二、优化组合教学内容，整合开展群文阅读

单元整合教学，既要保证原有教学内容保质保量地实施进展，全面达成单元教学目标，又要引进群文阅读，扩大阅读量，增强对单元主题教学内容的感受，并增加语文知识、能力或思维发展的认知、训练，丰富教学内涵，弥补单篇教学的不足，提升学生高阶思维能力，拓展教学目标任务。那么，问题来了：时间不变，教学内容头绪增多，原有的教学方式明显难以达成现有的教学目标。因此，采取综合分析、全面统筹的策略，选择契合的教学方式，突出最核心的目标，协调好各个教学环节，才能合理优化本单元各部分内容组合与教学方式，并挤出教学时间开展群文阅读教学，从而解决整合教学难题，从教学内容、教学方式和教学时间三个方面真正实现单篇群文单元整合教学。

遵照单元整合教学的理念和具体整合的思路与方式，在综合分析本单元主体课文与单元练习等教学内容相互关联，以及目标指向、教学要点与语用教学缺憾的基础上，增设了一节群文阅读教学课“神奇的手”，将“手”这一单元整合教学的内容，优化统整为这样三个部分：

①三篇单篇阅读教学——“我们的手”“一双手”“手上的皮肤”，结合“语文天地”中“日积月累”“初显身手”和“金钥匙”相继练习，落实基础知识和基本能力教学；

②一组群文阅读教学——“神奇的手”，整合“语文天地”中“开卷有益”

的一篇拓展性阅读课文《手指》和“小学语文课文同步拓展阅读”中的四篇选文《做手影》《祷告的手》《快手刘》《阳光手指》，在落实教材要求的学习要点基础上，着重于帮助学生更大限度拓宽对手的神奇作用的多元感受，并通过比较、梳理形成全面的认知与多样化的思路，为下一步的表达训练奠定思想方法基础；

③“语文天地”中“笔下生花”教学，完成本单元的书面表达训练。

“手”这一单元的教学目标从三方面进行完善：

（一）基础知识和基本能力

1. 正确、流利，有感情地朗读课文，学习略读群文，在阅读中了解有关手的知识，感受手在劳动创造中、人们的交往中和社会生活中的巨大作用。

2. 继续学习写摘录笔记，培养学生快速搜索主要信息的能力。自学本单元的生字新词。认字 13 个，写字 22 个。积累带有“手”的成语。

3. 学习在阅读过程中标注出文章的要点，理解“跨越、彼此、惺忪、敏感、痕迹”等词语在课文中的意思。同时初步学习如何解答自己所提出问题的方法。

4. 继续练习用修改符号修改习作。

（二）高阶思维能力

1. 通过比较阅读群文，多视角感受手在社会生活中多种多样的神奇作用，培养综合认知，形成全面认识的能力。

2. 学习课文从不同角度看待和表现事物的多样视角与方法，培养学生在学习、生活中运用的意识与习惯。

将《语文教师教学用书》里“单元教学要点”第三、四条整合在第三条要求中；在第一条读、背要求中，依据《语文课程标准》第二学段提出的“学习略读，粗知文章大意”目标和新增群文阅读教学的基本要求与目标指向，增加了“学习略读群文”这一教学要点；在第二条“继续学习写读书笔记”后，依照群文阅读教学的基本要求和功能，增加了“培养学生快速搜索主要信息的能力”的教学要点；根据本单元新增群文阅读教学的目标指向与教学功能和学生思维发展的需求与可能，新增了两条高阶思维能力培养的教学要点。

通过这样对单元整合教学目标要点的拓展完善，不仅突显了群文阅读教学的特征和优势，也让单元整合教学的意义和作用更加显著，从而扩大单元整合教学的效益。

三、围绕教学焦点议题，多元组织阅读文本

单元整合教学的焦点和群文阅读议题确定之后，就应在围绕教学焦点分析单元课文相关特征异同基础上，依从议题认知的多向度需求，选择组织丰富多元的群文阅读文本，提供多侧面的感受内容开展教学，才能尽可能地扩展学生的阅读思维向度，极大地强化教学的目标效应，帮助学生获得丰富多元的相关认知，体现群文阅读教学的优势功能。

为此，将本单元“语文天地”中“开卷有益”的一篇拓展性阅读课文《手指》和“小学语文课文同步拓展阅读”中的四篇选文《做手影》《快手刘》《祷告的手》《阳光手指》整合成一组阅读材料。这些选文，有的写手指的形态、性格和作用，有的写“做手影”带来的乐趣，有的写快手刘变戏法的神奇，有的写“祷告的手”为朋友的艺术成功的支持和祝愿（祷告），有的写老师的手对学生传递的慈爱……在单篇阅读感受写手的不同课文内容与不同描写视角基础上，扩展了对手神奇作用描写的侧面和感受视角，为引导学生感受手的神奇作用与表达视角提供了更为广泛的阅读材料。通过比较、梳理的读议教学实践，帮助学生更大限度地拓宽感受，形成对阅读文本表达视角以及不同文体表述、描写形式与特点等的多元认知，掌握多样的表达形式，达成学习语言文字运用的目标。

四、结合阅读选文议题，恰切确定教学目标

单元整合教学中的群文阅读教学目标的制订，既要根据议题读议的教学指向和选文的相关特点来考虑，又要按照群文阅读教学的基本特征和优势功能来斟酌，还要依从学生“应知”与“能知”的发展需求和具体学情权衡，以利顺应教学指向、文本特点与具体学情，充分发挥群文阅读教学的优势，恰切地开展特色鲜明、效能突出的群文阅读教学，实现教学目标效益。

经过综合分析研究，将本课教学目标和重难点确定为以下几点：

教学目标：

1. 联系已学课文内容学习略读群文，进一步感受手的多方面神奇特点与功能，激发学生的阅读、探究兴趣。

2. 通过比较阅读和集体共议，帮助学生建构对手的多元认知和全面认识，培养对比分析、综合认知能力。

3. 引导学生感受同一事物多种多样的观察、思考和表达视角与方法，启迪学生在今后的学习、生活中，学会从不同方面看待事物、描写事物。

教学重难点：

1. 教学重点：帮助学生建构对手的全面认识，培养对比分析、综合认知能力。

2. 教学难点：引导学生感受同一事物多种多样的观察、思考和表达视角与方法。

五、依据教学目标学情，巧妙设置读议过程

以议题和目标为指向，设计以下教学环节：

（一）借助小诗，揭示神奇

这一环节旨在开课调动学生的阅读兴趣，小诗的内容既联系教材单元主题，又能起到回顾加深和丰富前期单篇阅读的感受，同时也暗示了手的作用，为接下来引入群文阅读做好铺垫，也为新课中感受手的不同特点和作用创设情境和氛围。

（二）回顾课文，感悟神奇

在这个环节里，我用，“人人都有一双手，我们的手究竟有哪些神奇的特点和功用呢？回想我们刚刚学过的几篇课文，说一说”。这一统领性提问，引导学生联系已学课文：《我们的手》一课里，我们的手有何神奇？（传情达意）再想想《一双手》里，林业工人张迎善用他那双布满老茧的手，创造了什么？（育林奇迹）《手上的皮肤》和《手指》呢？着重介绍了什么特点？（茧子、纹路、褶皱、指纹、指甲等，体现手的作用奇特和功能灵巧）。前期在学习这些课文时，学生都已通过传统单篇阅读教学中惯用的品词析句等形式建立了初步感受，在一个大问题的统领中，就唤醒了已有感受，为进一步体会“神奇”和“同一内容可以采用不同的描写方式表达不同的效果”打下基础，更为引入本课群文的内容感知奠基。

（三）群文读议，再识神奇

首先采用“自读体悟 合作品味”的形式，指导学生以群文阅读的方式通过读议增强多元感受，在单篇阅读的基础上扩展了学生对手功能的感受和多样的认知。再以“交流体悟 提升认知”的形式指导学生通过感受和交流提炼内容描写的不同侧面，促使学生感受不同侧面所表现出来的不一样的神奇功能。例如：学生在分享时，会根据表格提示交流“我们组着重读的这篇课文写了谁的手，它的神奇表现在____，我们是从____词句可以看出来的，我们概括神奇的词是____。”在这个交流中，要相机引导、指点和要求学生朗读体悟，以表

现神奇，落实感受；交流一篇后，还需要提示学生判断一下文中是在写手的哪方面神奇，采用了怎样的表现手法；尤其要引导学生看看前一篇对比后一篇观察与表达的视角与方式有何不同。

（四）统整“神奇”，形成共识

学生有了前面环节从单篇阅读中所得到的内容上的理解和体会，这一环节着重从群文阅读的角度，指导学生具体感受表达对象的具体侧面，进而梳理统整出采用不同的表现方法表现同一内容的不同侧面，既能体现不同文体的妙趣，又能体现不同的表达效果，还留给学生多样的阅读感受。如：回想我们读过的八篇文章，都表现了手哪些方面的神奇呢？（传达情意、劳动奉献、科学知识、游戏娱乐……）课文又是采用怎样的方式，让我们感受到手的神奇和人的特点、品质、奉献等的呢？（诗歌、说明、描写、记叙……）

六、突破传统教学局限，强化语用思维培养

单元整合教学的有效推进，将大大弥补传统单篇阅读教学运用一个阅读文本进行语言能力训练和情感熏陶的课堂教学模式的局限性，有效提高单位时间内课堂进行的多文本阅读的时效性。实施时，我们既要注重单篇阅读教学所达成的单元教学目标，又要关照其扩大阅读量、强化双基训练、提升学生高阶思维能力等有效性，两者兼顾，相得益彰，将大大提升学生语文素养和语用能力，促进学生“低阶思维能力”和“高阶思维能力”的同步协调发展。

参考文献

[1] [2] 荣维东. 基于语用观的语文能力评价 [J]. 语文建设，2015 (07).

论数学教学中求异思维的培养

李　茜

思维是人类大脑对客观事物进行间接的概括和反映，反映的是从事物一般性到内部联系的规律性。学生学习数学的过程中思维能力是智力的核心，因此学生提出问题的能力比分析问题、解决问题的能力更重要。在这个过程中学生思维的深度和广度都发生着质的变化。可见，培养学生思维能力，是数学教学中极为重要的任务。《小学数学新课程标准》提出了“数学思考”学段目标，把小学数学教学活动直接指向学生在与数学相关的一般思维水平方面的发展，明确要求教师在指导学生学习数学知识的同时，要注重启迪和发展学生思维，注重学生求异思维的培养是思维能力养成的重要途径之一。

求异思维是一种多方面、多角度、多层次的思维过程，是具有流畅性、变通性和创造性的思维方式。从儿童的心理特征特点来讲，好奇心是他们探索世界最大的动力。孩子的认识结构和知识状态决定着她探索世界的方式方法。从不同的角度探索世界又构成了求异思维的基础。在数学教学中，我们要善于激发孩子的兴趣和好奇心，最大限度地激发孩子的求异思维。

一、创设宽松的教学环境，激发学生的数学学习兴趣，让孩子在安全、轻松、民主的环境中自由探索

“没有大胆的猜测就做不出伟大的发现！”在教学中，适度的安全环境可以给学生营造一种平等、民主的氛围。这有利于学生探究活动的开展，同时鼓励生生之间的互动交流，做到人人有话说，人人想表达。

首先应，设计符合儿童心理特点，能激发儿童探索欲望的教学场景。教育心理学家皮亚杰说：“所有智力方面的工作都依赖于兴趣。”兴趣是主动学习的动力，是思维的动力。例如在三年级下册《有趣的推理中》，我设计了这样一个情景：

“左手右手猜礼物。师：今天我给孩子们带了一样礼物，藏在了我的一只手里。你知道藏在哪儿吗？能确定吗？如果你可以问我一个问题，我只能回答

是或否，能不能确定礼物在哪里？如果是藏在三个盒子中的其中一个你会怎么提问？”一时间学生兴趣极大，跃跃欲试，孩子不停地想问题尝试猜测正确的可能性。短短两三分钟，孩子在兴奋的猜想和思辨中感受到推理的策略，求异思维也得到了很好的培养。

其次，教师应注重课堂上的交流与互动。学生与学生之间的互动，相互的质疑和补充往往能激发新的教学资源，能最大限度地挖掘学生的思维潜力，求异思维也在潜移默化地养成。我们的课堂主体是学生，教师作为参与者和引导者需要调控课堂节奏，设计教学环节，甚至设置“陷阱”和“地雷”以促进生生互动，走进他人的学习世界，产生思想共鸣。

二、研究式学习，发展学生的求异思维

卢梭说：“你要记住的是，不能由你告诉他应当学什么东西，要由他自己希望学什么东西和研究什么东西；而你呢，则设法使他了解那些东西，巧妙地使他产生学习的愿望，向他提供满足他的愿望的办法。”在传统的课堂中，学生走进教室才开始在老师的要求下进行学习，思考的时间和空间是非常缺乏的，这样一来，他们的思维深度能达到多深，走到多远呢？

发展学生的数学思维，必须把空间和时间还给学生。我在教学中开始尝试用“大问题、小研究”的策略让学生前置学习，主动利用教材、网络等多种资源提前学习。上课前发下学习任务单，以大问题的形式让学生研究，问题给的“大”，孩子们的发挥空间才宽，关注的点才丰富。老师对研究的方法、资源的选择给予指导，以平凡、细致的主动研究形式来学习。学生主动学习后完成任务单上，课堂上再交流任务单上的问题，进而产生新的更深层次的问题。经过一段时间的实践，学生变得主动了，任务单上的大问题也显得不那么“大”了。课堂上，同学们心中有数，自信勇敢。思辨和交流也更充分了，“我想补充……”“我还有不一样的方法！”课堂在孩子们的七嘴八舌中越走越深，孩子的求异思维也越来越凸显。

三、挖掘多种求异方法，培养学生的求异思维

（一）小学数学思维培养有几种怪现象

1.“方法暗示”，淡化学生的自主探究意识。

例如：三年级《两位数乘法》。

复习：计算 46×200，37×4，7×8，40×21。

师：我们已经学过了哪些乘法的相关知识？

生：两位数乘一位数，两位数乘整十数。

师：对。两位数乘一位数、整十数怎样计算呢？

今天我们要学习新知识“两位数乘两位数”：

24×38=

（学生试算、汇报）

先把 24 分成 20 和 4，再分别乘 38，最后相加。

看似简单清晰的背后是前面老师预设的“方法暗示”，在这种暗示下，学生不会主动去思考有哪些方法可以帮助解决新问题的，水到渠成之下是对孩子主动探究、创新求异的扼杀！

2. 以偏概全，对结果的过度追求导致过程的忽略。

课堂上，老师常问孩子：怎么做？结果是什么？你明白了？懂了，这道题就结束了，然而部分同学“懂”的声音却代替了另一部分似懂非懂的同学，慢慢地，他们不好意思说“不懂”了，还有一部分有不同想法的同学的声音又在哪里？这种整齐划一的声音我们真的需要吗？

（二）创设真正充满思维含量的课堂

老师要善于挖掘学生多种求异的方法。“你赞成他的想法吗？能上来用自己的话讲一讲你对他的理解吗？”“有哪些不同的方法？欢迎把它写到黑板上来。”“你更喜欢谁的方法？为什么？”“观察一下，这么多方法都能解决问题，它们有什么相同点呢？”课堂上应该多一些这样的交流，多一些思维碰撞的火花。在核心知识的教学中，应设计灵活多变的题目，由一个点到一个面再串联成一张网。老师对求异问题的挖掘和关注，可以有效引导孩子们学会举一反三、创新求异。

（三）数学求异思维的根本是什么

我们认为，求异思维的本质是对不同层次学生学习基础的尊重和对知识本身核心的把握以及外延的泛化。所以，当面临孩子们不同声音的时候，应该选择什么样的学习资源，每种资源的呈现又起到何种教学作用，众多方法的统一性在哪里，共同的核心知识和数学思想又是什么，是我们需要挖掘的，这对老师提出了更高的要求。众多方法应该有所优化，不能停留在你说我说大家说，说完就结束的低层次交流。

例如在四年级《中括号》的教研课中，我们能发现三类学生资源：一是有想法而不知如何表达的；二是有想法用小括号叠加表达的；三是对中括号已经有所了解并能简单运用的。这三类学生资源分别有不同的用处：第一类引发思考，唤醒旧知；第二类落实到括号的本质（课上关于叠加小括号能否实现意图的讨论就能很好地让学生“看到”数学思考上的本质）；第三类规范用法。三类学生都应该有话语权，而且应该是层层递进地让她们登上舞台，让课堂逻辑显得严谨而有序。在整个教学的过程中，老师设计几个计算游戏贯穿，将所有已学的计算规则融入其中并不着痕迹的不断重现；在中括号产生以后恰当的引导孩子们将原有的“有小括号先算小括号”的计算规则的叙述直接改变为：“有括号的要……”整个过程让孩子们水到渠成地完成，自然而然地将新知识与过往规则同化并纳入整个规则系统中。

学生们在交流与碰撞中，学会了批判性地欣赏。华应龙老师说过：“评价别人的时候，先看别人的优点更好。”这句话，值得细细回味，是数学教学中的指令，也是人生的箴言！说它是数学教学中的指令，是因为它的意思很明确，不能只看其缺陷，更要找出合理的地方。这需要学生调动已有的知识去分析和理解别人方法的合理性，即使是一种错误的方法；说它是人生的箴言，是因为一个人处于世间，如果只看到别人的缺点，就不会进步，只有善于发现别人的优点，并不断向他人学习的人才是世上的智者。新课程倡导合作学习，倡导情感、态度、价值观的培养，老师在课堂上是引导者、参与者，“ 随风潜入夜，润物细无声”为求异思维的培养提供了丰厚的土壤。

综上所述，数学教学中发展学生思维的方法应该是多样性的。在教学中，教师必须从实际出发，灵活运用，才能行之有效，努力培养发展学生的求异思维。小学数学教学的目的，不仅在传授知识，让学生学习、理解、掌握数学知识，更要注重教给学生学习的方法，肯定和欣赏孩子们的不同思想，鼓励他们不畏困难，勇于创新的意志品质，进而培养学生思维能力，全面提高学生的综合素质。

研究教材内涵　追寻数学本质

余莉平

把握学科本质是所有教学法的根本。这源于对教师备课过程以及教学实践的追问和理性思考。在数学教学中，我们常常会听到一些教师抱怨：老师讲了很多遍，可是学生还是不会……其实，这是由于教师没有认识到数学学习的本质是什么。教师要深刻领会教材意图，挖掘教材内涵，重视对数学本质的追寻，拓宽、延伸知识结构，使教学从课内到课外，从点到线到面，从已知到未知延伸，从而使课堂教学回归数学教学的本质，使学生不仅在课堂上获得基本的数学知识与技能，而且还掌握一定的数学思想方法，能运用所掌握的基本知识与技能、思想方法来解决所遇到的新问题。

数学学科的本质是什么呢？刘加霞在《小学数学课堂的有效教学》一书中提出数学学科的本质：对基本数学概念的理解、对数学思想方法的把握、对数学特有思维方式的感悟、对数学美的鉴赏、对数学精神（理性精神与探究精神）的追求。有一句话这样说：教师的认识有多高，学生的发展就有多远。教师一定要准确把握数学本质，让学生具备在数学道路上长远行走的能力。

一、立足概念本质，促进学生理解运用

二年级学生学习了乘除法之后，在运用乘除法解决“求一个数是另一个数的几倍”“求一个数的几倍是多少”及一些应用问题时，出现乱用方法、乘除不分的情况。究其原因，是未能对题目的本质——乘除法的意义正确理解。乘法，即求若干个相同加数和的一种简便运算，学生需要在各种不同模型中理解和体会是求几个几相加，即已知每份数和份数，求总数。学生在平均分的基础上学习除法的两种类型：把一个数平均分成若干份，求每一份是多少，即已知总数和份数，求每份数；另一种分法是求一个数里包含多少个另一个数，即已知总数和每份数，求份数。其实，乘除法是互逆的，都是围绕“每份数、份数、总数”这三个量在展开变化。因此，要学生对这三个量的关系明晰，才能正确运用概念来解决问题。

教材中有这样的题目：蝴蝶有 4 只，小鸟有 24 只，小鸟的只数是蝴蝶的几倍？河马有 7 匹，斑马的匹数是河马的 5 倍，斑马有多少匹？面包车上有 6 位乘客，面包车上的乘客数是小轿车上的 2 倍，小轿车上有几位乘客？这些题目放在一起，学生就极易出错，不知道该用乘还是用除，教师要引导学生用概念的本质来分析。要求小鸟的只数是蝴蝶的几倍，就是求 24 是 4 的几倍，即以小鸟只数 24 为标准，每 4 只一份，看 24 里包含几个 4，是已知总数和每份数求份数，所以确定用除法来解决。斑马的匹数是河马的 5 倍，即是 7 匹的 5 倍，5 倍就是有 5 个这么多，本质就是求 5 个 7，所以用乘法计算。第三题小轿车上的乘客数是一份数，面包车上的人数是小轿车人数的 2 份，其本质就是要把面包车上的人数 6 平均分成 2 份，小轿车上的人数就相当于这样的一份，即把 6 平均分成 2 份，每份是多少。所以用除法解答。学生在解决这类乘除问题时，多追问：为什么要用乘（除）法？本质是在求什么？只有紧扣概念本质，才能正确运用乘除法来解决实际问题，并能做到知其然，知其所以然。

二、理清教材知识线条，理解运算本质

小学阶段加减乘除的计算教学中，算理和算法是并重的两条线，学生要透彻理解算理，才能形成正确的算法。教师要认真分析和研究教材，理清教材的体系和脉络，统揽教材全局，高屋建瓴，建立各类计算之间的联系，回归本质。

以北师大版教材四年级小数乘法教学为例，学生在学习了小数乘法的计算方法，基本能够运用竖式进行计算的基础上，老师设计安排了这样一节练习课。小数乘法新课的例题编排是依据积的变化规律，让学生探寻并且理解积的小数点应该点在哪儿，进而掌握小数乘法的计算方法。而学生在此之前有过对整数四则运算以及小数加减法运算的学习，那些运算的学习无一例外都是从数的本质，也就是计数单位这个角度进行的算理分析。而小数乘法却仅仅是从积的变化规律进行说明，这对学生正确掌握小数乘法的算法，深刻理解它的算理是不够的。

在初懂算理得出规范计算程序的基础上，还要创造机会让学生再懂其道理，这才符合学生正常的认知过程。以 1.2×0.34 为载体，学生计算并总结方法，先按照整数乘法 12×34 算出乘积，再给积点上小数点，让学生对比 1.2×0.34 和 12×34 的竖式计算过程，发现 12×34 就像是 1.2×0.34 的替身，整个计算过程完全相同，而不同之处是小数乘法最后要点上小数点。学生都知道乘积的小数位数等于乘数的小数位数之和，可为什么是这样的呢？引导学生展开

思考，12×34 还能做谁的替身？学生想到很多：1.2×3.4，0.12×0.34，0.012×3.4……根据替身 12×34 算出的乘积 408 很快得出这些算式的结果 4.08、0.0408……在观察比较这些结果的过程中，引导学生发现它们都有 408 个 0.1、0.01、0.0001……它们的计数单位是不同的，但计数单位的个数是相同的，而计数单位的个数 408 就是替身 12×34 算出来的，进而使他们明白计算小数乘法先按照整数乘法来计算就是要先算出计数单位的个数，点上小数点是在确定乘积的计数单位。进一步引导学生思考，12×34 除了能做这些小数乘法的替身，还能做谁的替身。学生想到了整数乘法中因数末尾有零的情况 120×3400，早已明确了的算法，不看末尾的零，先算 12×34，然后在乘积末尾添上三个 0。追问：这样做的道理是什么呢？不看末尾的零，其实是在寻找替身 12×34，最后添几个 0 是在确定乘积的计数单位，12 个十乘 34 个百，10×100=1000，乘积就包含 408 个 1000，所以才能在 408 后面添上三个 0。看似不同的两种计算，其本质都是在先算计数单位的个数，再确定乘积的计数单位（点小数点或添 0）。

回归数的本质，让学生进一步理解整数乘法和小数乘法的算理，再让学生回顾小数加减法，竖式计算小数加减法的关键是小数点对齐。为什么小数点要对齐？学生明白小数点对齐，这样是为了个位和个位加，十分位和十分位加……也就是要把相同数位对齐。再思考，为什么必须得相同数位对齐呢？引导学生明白，是为了相同数位上的数相加。数位对齐了，每一位上的计数单位就确定了，再逐位计算，就是算每个数位计数单位的个数。整数加减法的末位对齐是同样的道理。与小数、整数乘法一样，分数的计算仍然是围绕计数单位和计数单位的个数展开的。同分母分数加减法，分母相加就确定了结果的计数单位，分子相加减则是算计数单位（分数单位）的个数；异分母分数加减法，先通分是确定计数单位。分数乘法，分母与分母相乘确定了乘积的计数单位，分子与分子相乘则是在计算计数单位的个数；分数除法转化成分数乘法来计算……

其实，小学阶段的计算，都是围绕“计数单位和计数单位的个数”这两个核心概念展开的，要纵观教材，深入研究计算版块的线条，在对比联系中让学生进一步理解运算的本质，更好地掌握算法。

三、关注教材旁白，追溯本源

北师大版数学教材中言简意赅的旁白，需要我们挖掘其内涵，理解其本质。在计算教学中，没有从前人教版教材总结的成段的计算法则，只有少而精的旁白。一年级下期学习两位数与两位数的不进位加法 23+36 时，第一次学习用竖式计算，智慧老人有这样的旁白：用竖式计算，数位要对齐！初次接触竖式，并没有要求学生“从个位算起”，为何一开始不要求学生运用正确的方法，从个位算起呢？在这里，如果老师要求孩子们从个位算起，那将是多么苍白的告知，因为从十位算起同样可以快速正确算出结果。为什么要从个位算起呢？这句旁白直到学习两位数与两位数的进位加法 19+18 时才出现。学生对计算法则的理解是需要在不断的学习过程中，逐步积累完善起来的。在进位加法中，从十位算起，当个位满十进一后，必须要修改十位已得出的结果，与从个位算起比较相对麻烦、易错，初步体会从个位算起的合理性。二年级学习三位数加法，如果从高位算起，需要修改的次数会更多，进一步体会从个位算起的必要性。

十进位值制是小学数学基本概念之一，从认识 11—20 各数捆小棒，“10 根捆成一捆”，要充分关注这句旁白，让学生借助实物开始体会满十进一。在计算教学中，计数器、竖式旁出现最多的四字旁白就是“满十进一”。两位数加一位数的进位加法，旁白只有四个字“满十进一”；两位数加两位数的进位加法，也是“满十进一”；学习三位数加三位数，同样是四个字“满十进一”。让学生在个位满十向十位进一，十位满十向百位进一……的过程中，反复体会十进制，最终认识到“哪一位满十就向前一位进一”“哪一位相乘满几十就向前一位进几”，对十进制计数原则有充分的理解。

在整数加法的学习中，一年级下提到过用竖式计算数位要对齐，到二年级下期在计数器旁边有一句旁白“相同数位要对齐”，这是小学阶段四则运算的核心，是本质所在。因此，教师一定要引导学生深究为什么一定要相同数位对齐。这就正如前面讲到的，要归于数的本质——计数单位，就是为了相同的计数单位进行加减乘除。在加减法教学中利用计数器来进行教学，学生理解更加深刻，应让学生知道应该这样做，还要明白为什么要这样做，剖析其本质所在。

四、正确把握教材两条线，渗透数学思想方法

小数教材体系包括两条主线：其一是数学知识，这是明线；其二是数学思想，这是暗线。教师看教材，就能明确前者；而蕴藏在教材里的小学数学思想方法，教师必须正确把握，才能明白教材为什么要这样写，才能从整体上、本质上去理解教材，也才能科学、灵活地设计教学方法，提高课堂教学效率。

作为数学教师，我想我们有必要思考：对于学生的将来我们给他们留下些

什么？知识也许他们会淡忘，但不管他们将来从事什么工作，唯有深深地铭刻于头脑中的数学精神，数学的思维方法、研究方法，也就是数学能力，能随时随地发生作用，使他们受益终生。

数学的思想方法极为丰富，小学阶段的思想方法要在学习概念和解决问题中落实，教师要深入挖掘教材内涵。一年级就开始用“□”或“（ ）”代替变量 x，让学生在其中填数。例如：1 + 2 = □，6 + （ ）=8，7 = □+□+□+□+□+□+□+□+□等，符号化思想的初步呈现。从一年级开始的计算教学，化归思想就始终贯穿其中，逐渐学习的加减计算都转化成曾经学过的简单类型，随着认数范围的扩大，计算方法是不变的，把头脑中已有的方法、经验调出来运用，合理转化成曾经学过的知识。在我们的教材中许多地方渗透了极限思想，如：数数是永远数不完的，2 的倍数有无数个，1.333……小数部分的数字是写不完的，无限的；学习线的认识，直线的两段可以无限延伸，角的两边可以无限延长；梯形的上底无限缩短，成为一个点，就成为一个三角形；华应龙老师执教“圆的认识”一课时，让学生体会圆其实就是一个正无数边形，我国古代杰出的数学家刘徽的“割圆术”就是利用极限思想来求得圆的周长的；教学“圆的面积”时，也是把圆等分成若干份，等分的份数越多，拼成的图形越接近长方形。数形结合思想是抽象思维和形象思维的相互补充，著名数学家华罗庚说过这样一句话来形容数形结合思想：“数缺形时少直观，形缺数时难入微，数形结合百般好，隔断分家万事难。”计算教学中算理的理解，解决问题中的线段图、示意图等，教会学生图不离手。教师一定要清晰把握教材的两条线，让学生掌握知识的同时，掌握研究、解决问题的思想方法。

我们的教学工作，为学而教，是为学习而教，为学生学会学习而教。我想，后者具有更深远的意义。让学生学会学习，具备学习的能力，这就需要我们教师思考数学教育的核心价值，立足教材，追寻数学本质，带领学生共同经历求真实、求思辨、求理性的数学之旅。

用宽容的眼光看待孩子犯错

——一次游园活动有感

盖　丽

苏联教育家赞可夫说过：当教师必不可少的，甚至几乎是最主要的品质，就是热爱儿童。一位教师曾经说过：如果没有爱，教育在开始的时候，就已经结束了。没有爱就没有教育，爱是教育的灵魂。关爱学生是教师所特有的一种职业情感，是良好的师生关系得以存在和发展的基础，是搞好教育教学工作的重要因素，也是教师应具备的道德行为，是师德修养的灵魂。

一、尊重是爱的前提

冰心说："有了爱便有了一切。"爱学生，就需要我们尊重学生的人格、兴趣、爱好，了解学生的习惯以及为人处世的态度、方式等，然后对症下药，帮助学生树立健全、完善的人格。我们要像对待一个真正的朋友一样，重视、欣赏学生，学会倾听学生意见，接纳他们的感受，包容他们的缺点，分享他们的喜悦。被尊重是学生内心的需要，是学生进步的内在动力。

教育专家常说，"理解是教育的前提，尊重是教育成功的基础"。苏联教育家马卡连柯也用一句话概括了他的教育经验：严格地要求是最大地尊重学生。他在办儿童教养院时，对儿童的要求十分严格，同时又尊重每一个儿童的自尊心。他从不提学生犯错误的历史，甚至在一定场合把 8 岁的学生称为同志，其用意是激发学生做人的自尊心。我们常说要坚持正面教育，什么是正面教育呢？就是在教育教学中，始终贯穿积极向上的精神，在任何情况下都不损害学生的自尊心，对后进的学生更应如此。对学生不仅要严格要求、严格管理，又要理解、宽容、善待学生。严而得当，严而有效。"人非圣贤，孰能无过"，在教育教学过程中，学生犯错误是正常的，作为教师如何处理学生的错误，关系到学生的身心健康和一生发展。而理解、宽容学生的错误，对学生的发展起着不可磨灭的作用，比批评、惩罚学生强百倍。它可使学生从内心知道自己的不是，感受到教师对自己的谅解和关爱，从而自觉地改正自己存在的问题。其实学生犯错误的行为动机往往是纯真的，也许是好奇心和表现欲所导致的行为过失。他们迫切想得到其他人的理解和帮助，而粗暴的批评和惩罚又一次把学生推向错误的深渊，这是教育的失败。我们应该使其从内心感受到教师对他的安慰，从中得到自己想要的帮助，真正感悟到教师对他的关爱——全面的关爱，不能只关爱他们的某一个方面，更不能两眼只盯在学生的分数上，因为，他们在各个方面都存在着差异。苏霍姆林斯基说：“尽可能深入了解每个学生的精神世界——这是教师的首条金科玉律。”我以为一个真正关爱学生的教师，要从学生的生活、爱好、习性等各个方面了解他们，在保证学生自尊心的前提下，多给他们一些鼓励和表扬，激发他们的上进心，促使他们在原有的基础上不断进步。实际上学生的某一个方面并不能代表他们的生活全部，他们在今后的生活和学习中需要的是多方面的知识和能力，因此，教师要全面地、多角度地关爱学生，使学生得到全面地发展。爱与尊重是教育的前提，蹲下身子与孩子平视，尊重孩子就是尊重自己。

爱默生说：教育成功的秘密在于尊重学生。尊重学生，要尊重学生的人格与自尊心，平等公正的对待每一名学生，宽容和信任学生。这不只是说说而已，只有发自内心的关爱，才能散发出温馨的光芒。关爱的眼神，关心的举止，都会让学生如沐春风。

二、爱也要讲求方法

作为教师，在工作中，常常会遇到学生不认真听讲、不完成作业的情况，当我们大发雷霆的时候，其实，应当冷静下来想想我们这样做到底是为了什么？对！为了学生。我相信在我们都没有私心！可是如果问学生，“你知道老师是为了你好吗？”可能有一半的学生并不以为然。我想看到这样的结果，同行们会觉得很委屈，甚至觉得没有努力工作的动力了。我们不禁反思，是什么让学生这样不领情？

我们是爱他们的，因为这份爱，因为这份想为他们负责的心，我们加班批改作业，因为问题学生着急上火。为上好一节课，我们反复试讲修改教案，为了不耽误课程，我们常常带病坚持工作……

可为什么学生看不到我们的良苦用心，看不到我们背后的艰辛付出呢？

要想回答这个问题，我们能不能试着换个角度？

假设我是学生，抬头第一眼看到的就是一张阴沉的脸，看到的总是你挑剔的眼神，不管我怎么努力，总是得不到你的认可。常常因为一些小错，你就上纲上线。我犯错后挨批评也就罢了，把我父母找来，连我父母也一起被训了一顿。本来事情不是我做的，你问都不问，就劈头盖脸地训了我一顿……

这样的老师，你会喜欢吗？

孩子就是孩子，他很难透过问题表面，看到背后的东西。如果我们强求孩子们理解，在我们疾言厉色后面有一颗温柔的心，是不是要求高了点？为什么我们一定要像电视剧里出现的情景那样，若干年后老师再遇学生，意味深长地告诉学生，当年老师用的是激将法？为什么我们不能表里如一地“温柔”？

哲学家詹姆士说过，“人类本质中最殷切的要求就是渴望被肯定，而学生更是如此”。赞美是阳光、空气和水，是学生成长中不可缺少的养料。

虽然老师的出发点是关爱学生，但也不用疾言厉色，我们很着急，是为学生着急，但工作也应该讲求方法。我们目的是为了学生，只要学生能有好的发展，这就是我们老师最大也是最朴素的愿望。那么，学生能接受我们这份“好心”的前提，是让学生感受到我们的浓浓的爱和良苦用心。疾言厉色与和颜悦色，哪个更容易让孩子们接受？我们应该反思，我们真的是在关爱学生还是在宣泄我们自己的情绪，维护所谓的“教师威严”？教师的真正尊严，并不是我们个人的主观感受，而是学生对我们的道德肯定、知识折服和情感依恋。

心理学家苏霍姆林斯基对认知和情感的关系，做了这样一个生动而贴切的比喻：“情感如同肥沃的土地，知识的种子就播种在这个土地上。”反过来讲，如果离开“情感”这块“肥沃的土地”，也就结不出“良好发展”的果。所以，在教育孩子的过程中，我们首先要让他们在情感上接受我们，在这样的前提下，他们就更容易接受我们的意见和建议了。

又是一年新年到，我突然想起有一年元旦节前的一件事，觉得特别温暖，我想如果那个孩子记得，也会有相同的感受。

元旦节前的游园活动马上就要开始了，整个校园都沉浸在热闹喜庆的气氛中，每个孩子的脸上都挂着笑容，准备开始玩游戏了……只有一个孩子孤零零地站在教室门口，茫然无措的样子。我走过去，问他怎么不进教室和其他小朋友一起玩，他耷拉着小脑袋，嘟囔着：“我没有带交换的物品，所以……”原来是他们班级开展了班级内部交换物品的活动，旨在最大限度地发挥学习用品的使用价值，促进同学之间的交流和沟通。小家伙什么都没带，自然参加不了活动。

只是在这样的日子里，这样的氛围中，小家伙一个人这样呆呆地站着是多么的不合适、不协调呀！不安全不说，孩子的心理落差有多大……我想对于孩子来说，这并不是一个多么不可原谅的错误，但如果他一直就这样呆在教室外面，这个新年不开心，说不定孩子的心里会留下阴影，影响他的一生。我回到办公室，找来了几个小玩意，很郑重地对他说，这是老师的小珍藏，现在委托你去交换，你可一定要开动脑筋，帮我换得越多越好，越有价值越好！你愿意吗？小家伙一听，一下子来了劲头，两只眼睛一下子明亮起来，好的，老师！你放心吧。看着他蹦蹦跳跳地跑进教室，我悬着的心，释然了很多……

教师对学生的爱，是学生成长的力量之源，是激发学生向上的动力，教师对学生的爱，与一般的人与人之间的爱有所不同，它并非来源于血缘关系，也并非来源于教师的某种单纯的个人需求，而来源于人民教师对教育事业的深刻理解和高度责任感，来源于教师对教育对象的正确认识、满腔热情和无限希望。教师所面对的是渴望认同、渴望呵护与关爱的稚嫩的心灵，教师的一举手，一投足，一个信任的目光，一个爱抚的动作，都会给学生以情感上的滋润，行为上的激励，甚至会影响学生的一生。爱的情感犹如师生之间架起的一座桥梁，又如涓涓细流，进入学生的心田。它像一场春雨，能滋润干涸的荒漠，萌发一片绿洲！

三、爱要讲求艺术

众所周知，爱心是伟大的，但是绝对不是万能的。孩子与父母间与生俱来的血缘联系是什么都没有办法阻碍的。我们能说他们的父母不爱他们吗？可是为什么孩子有时还常常出现逆反心理与父母怄气、闹情绪呢？所以，对学生付出爱应该是门艺术，何时付出，怎样付出，付出后怎样让学生明白自己的用心，等等，都需要我们用心去考虑。如果仅有爱心，没有严格要求也不行。现在的孩子大都是不缺少爱的，或者说他们拥有的爱太多了，以至于在我们对他们付出爱时，他们以为是理所当然。所以，我想：很多时候，我们的教育离不开严格要求。当然，严格要求之中，一定要包括爱的感情。

教师的工作是用心灵来哺育心灵，这要求教师必须具有悲天悯人的温暖心怀。教育工作的复杂性又要求教师必须在教育实践中不断培养能克制怒火的好性情，有足够的耐心，学会用宽容和感恩的目光看待周围的一切，引导他们用心感受世界的美好和自己的幸福。一言以蔽之，老师要尊重学生，表扬与赞赏学生；要细心导航，耐心开导学生；要亲近学生，研究学生；要严格要求学生。

欲有所为当有所不为

张丽苹

内容摘要：小学数学教学的有效课堂，既要引导学生主动探索，积极投入知识的发现、理解、运用，又要点到为止，淡化教的痕迹。这样才会让课堂魅力有加，才会让美永驻课堂，所谓欲有所为当有所不为。

关键词：有效；有所为；有所不为

古语云："有所为，有所不为"。这不仅是指导我们做人做事的一条重要原则，对我们的课堂教学同样也具有积极的指导意义和启迪作用。

著名作家马克·吐温有一次在教堂听牧师演讲，最初，他觉得牧师讲得好，使人感动，就准备捐款，并掏出自己所有的钱。过了 10 分钟，牧师还没有讲完，他就有些不耐烦了，决定只捐些零钱，又过了 10 分钟，牧师还在讲，于是他决定一分钱也不捐。当牧师结束了冗长的演讲开始募捐时，马克·吐温由于气愤，不仅没捐钱，而且还从盘子里偷了 2 元钱。

这个故事说明刺激过多、过强或作用过久会使人极不耐烦或产生逆反心理，这种现象在心理学上称为超限效应。试想，如果我们数学老师也像这位牧师一样，事无巨细，面面俱到，把课堂变为学生"接受"知识的地方，学生一定会像马克·吐温一样如坐针毡，逐渐失去对数学学习的兴趣，甚至讨厌数学。由于课堂教学时间有限，学生的学习精力有限，老师作为课堂教学的领路人，应"有所为，有所不为"，既要引导学生主动探索，积极投入知识的发现、理解、掌握、运用，又要点到为止，淡化教的痕迹。

冲突——单调

学生来到学校，不仅是为了取得一份知识的行囊，更主要的是为了变得更聪明（苏霍姆林斯基）。新课程改革已经开展好几年了，老师们积极践行着课改理念，从解读教材、认真备课、组织教学到积极反思，都充分地考虑了学习主体即学生的特点、知识储备等因素。在教学过程中，老师们做到了充分引导、激励学生主动加入对知识的探索之中，让学生在主动观察、实验和讨论中归纳、掌握知识，从而得到情感的满足、愉悦的体验。但令人遗憾的是，在今天的数学课堂教学中，仍然有些教师没有跳出“包办灌输”的怪圈，不愿或不敢放手让学生自主地学习，学生被束缚在老师设计好的框框里，被动地接受教师或计算机的灌输。

[案例]

在教学“分数的初步认识”一课时，关于对“平均分”这个关键词的处理，很多教师会在讲完分数的产生及概念后，让学生死记硬背分数的意义，若有学生说错或说漏“平均分”一词，会再次进行单调重复的讲解，教师一系列的“所为”，没有收到很好的效果，学生还是不甚其解，觉得索然无趣。而特级教师吴正宪是这样处理的：她设计了一道判断题“把一张圆纸片分成两份，其中一份占 1/2”。当学生的意见发生分歧时，吴老师没有简单指出谁对谁错，而是创设组织了一场正反两方的辩论赛。在辩论中，学生势必要用一定的理由来说明自己的见解，去指出对方的矛盾。辩论增强了师生间、学生间的信息传递，加深了学生对知识的理解，这个原本老师要苦口婆心强调却屡不见效的知识点在辩论中却轻而易举地解决了。吴老师似乎在这节课中“无作为”，宝贵的课堂时间几乎让学生占据了，但是吴老师的“有所为”是提炼出一个数学本质问题的情境，一个引起儿童思维冲突，激起他们的好奇心、求知欲的情境，一个能促进探究向深层次推进的情境。吴老师的引导充分调动了每个学生的学习自主性，学生在辩论活动中提高了认识，对分数的概念有了更正确的认识、更深层的理解，并为自己的成功感到自豪。从这些方面来说，吴老师的“作为”是巨大的，她大胆开放，善于启发，学生勇于探索，敢于评判，实现了真正意义上的有效教学。

体验——结论

“纸上得来终觉浅，绝知此事要躬行”。老师在数学教学中特别是数学概念的教学中，不要急于得出结论，而应尽可能地激发学生积极、主动地参与概念形成的过程，在知识探求过程中培养学生观察、实验、归纳、类比能力和创新意识。在数学教学中过于强调结论，会导致学生单纯地模仿和记忆知识。如果注重知识形成的过程，并引导学生积极参与其中，则能培养学生尊重客观事物的态度、科学探索知识的能力以及勇于创新的精神，因此，体验过程比记忆结论更重要。

[案例]

“面积的认识”一课，特级教师钱坤南准确把握这堂课的起点，知道“面积”这个词学生在生活中已有接触，能回答出自己家的房子是多少平方米（有些学生竟然比较老到地用上了“平米”）。接着，钱老师很有层次地让学生进行了一系列操作活动，孩子们既摸了平面，又摸了曲面，让学生们体验到“物体都是有面的”。然后，又通过观察比较它们的大小，体验到“面是有大小的”。这是第一层次的教学。在第二层次，钱老师又引导学生认识平面图形，体验“平面图形也是有大小的”，进而总结出“面积”的意义。在以往的教学中，很多教师在这方面不够重视，不愿因建构“面”而花时间让学生去实验、去体验、去经历。这节课，钱老师的“不为”之处，就是不把关于“面积”的结论直接教给学生，匆忙地为学生似懂非懂的概念下结论。钱老师的“有所为”就是启发学生运用已有的知识经验，激活思维。调控学生的学习重点，充分让学生体验结论形成的过程，培养了学生自主探究知识的能力，帮助学生实现从“量的积累”到“质的建构”。这种亲历性的学习，不仅是用“脑”去学习，更是用“心”去学习，用心灵去体会，用整个身心去感受、理解，举一反三，闻一知百，这对培养学生的实践能力和创新精神，对学生形成良好的素质和个性都十分有益。

关爱——苛刻

教师在数学教学中对学生的关爱就是从学生的身心和已有知识经验出发，想学生所想，尊重学生的思维、表述乃至不成熟的行为，而不是为了所谓的数学严密而对学生提出苛刻的不符合学生实际的要求。课堂教学涉及教师与学生在理性和情绪两方面动态的人际过程，学生认知的发展，往往取决于其学习的兴趣与动机、自信与意志、态度与习惯等情感因素，而且这些情感因素将对学生的学习取向终生都起作用。因此，学生怎样投入数学学习，甚至比学习何种数学知识更为重要。我们常常看到这样的情景，学生好不容易鼓起勇气站起来，但没有答对问题，而老师这时简单的一句“不对，坐下”。使得他们黯然坐下，再也不敢大胆站起来了。其实学生的情感是非常脆弱的，他们强烈需要老师的关爱和赞赏。

[案例]

上面提到的吴正宪老师的“分数的初步认识”一课，在辩论结束的时候，吴老师说道：“正方还有话说吗？好，看来是否是平均分确实很关键，能不能占 1/2 要看是否能把圆纸片平均分了。刚才的辩论中，反方抓住题目中是否平均分这个关键点，一举攻破了正方的观点，使问题得到了解决。因此，老师要感谢你们。”吴老师向反方同学鞠躬，并请反方同学回到座位上。又转向正方同学，握住正方最后两名同学的手，说道：“老师也得感谢你们，正因为你们提供了错误的判断，才使得大家对出错的原因有了分析，对分数的定义有了更深的理解，谢谢你们！”正方两位同学表现出不好意思的神情，齐说不用谢，走回座位。吴老师的“有所为”就是给学生一个探究的空间，给学生创造平等对话的机会，在对“胜利者”给予肯定的同时，没有忘记对“失败者”做适当的安慰与鼓励，不挫伤每一位学生的自尊心，积极关注学生在学习中的情感与态度，使学生始终在平等和谐的氛围中进行学习活动，课堂时刻体现了人文关怀。

小学数学教学是科学性与艺术性相结合的过程，每一节课都是不可重复的激情与智慧的综合生成体。“欲有所为当有所不为”，数学教学中还有许多关于“为”与“不为”的问题值得我们去探讨，如在数学作业中如何体现“为与不为”，不会使学生认为做作业是一种负担……“路漫漫其修远兮，吾将上下而求索”！

在数学教学中注重培养学生的形象思维能力

帅玲秀

何谓形象思维？形象思维（imaginalthinking），是指用直观形象和表象解决问题的思维，主要指人们在认识世界的过程中，对事物表象进行取舍时形成的使用直观形象的表象解决问题的思维方法。人从呱呱坠地开始，就不停地用耳朵倾听，辨别各种声音；用手去触摸，感受各种事物的质感；用嘴巴去舔舐，品尝各种味道；用眼睛去观看，认识事物的色与形。通过这些形象的感官体验，我们开始慢慢认识这个世界，这便是我们形象思维的开始。那么，怎样经过后天的有意识地强化与训练，使我们在对形象信息传递的客观形象体系进行感受、储存的基础上，结合主观的认识和情感进行识别（包括审美判断和科学判断等），并学会用一定的形式、手段和工具（包括数学符号、文学语言、绘画线条色彩、音响节奏旋律及操作工具等）创造和描述形象（包括艺术形象和科学形象）形成自身一种基本的思维形式。对此，我将结合自己的一些教学心得，说一说自己的一些看法。

一、在教学之前了解清楚学生的认知起点，设计合理科学的教学环节，借助形象思维有效突破教学重难点

在小学生的学习和生活中，存在一些“可意会而不可言传”的概念。那么，了解清楚学生对哪些概念认识比较清楚，只是缺乏规范的语言，哪些概念是模糊而含混或者是错误的，就显得尤为重要。比如，我在教学“什么是周长”这一课之前，就“边线”与“周长”进行了前测，对于边线学生完全可以意会，可结合物体的表面进行正确的比画，但绝大多数学生对周长的认识模糊不清，乃甚至是错误的：他们或者是将平面图形的边线等同于周长；或者是没有一周的概念，而有的则将一周等同于周长。这是什么原因造成的呢？我分析，这是由于学生在生活中已有一定的经验积累，加之边线的指向性明确，所以，大多数学生对边线没有较大的认知困难；但是，由于周长这个概念较为抽象，兼具“形”与“量”两个维度，所以学生的认识就很模糊、片面。

那么，在清楚了孩子们的认识起点后我们立刻对教学进行了合理的调整：通过观察树叶想象、辨别树叶的一圈，形象地认识边线，通过理解边线来理解“一周”，体会一周的“封闭性”。再通过摸数学书封面的一周、量三角形及椭圆的一周、数或算不规则图形的一周有多长等一系列活动，学生真正理解了周长概念的内涵，牢牢把握了周长意义的本质——“一周的长度”。而在教学“一周”时出现了这样的小插曲：通过孩子们摸数学书封面的一周（有序地），和淘气摸的数学书封面的一周（无序，但也体现封闭性和不重合性）进行对比，思考：淘气是否也摸出了数学书封面的“一周”？课堂上，学生果然无一例外地认为这没有摸出数学书封面的一周，理由是没有按着顺序摸——果然跳入人的固定思维。怎么对学生进行引导呢？对于周长的“封闭性”和“不重合性”，学生已经先入为主地给它确定了“顺序”，但是不是只有“一笔画”般的认识才是它的完美诠释？于是，我尝试先请学生看（看淘气摸出的线），再想（想象这些线独立出来的样子），最后对比（拿走数学书封面，只留摸出的线条，与自己摸出的一周的线条模样相对比），不用任何语言，面对直观而形象的图形，学生恍然大悟：原来图形的一周是可以没有方向、没有顺序的，只要是刚好将图形围起来就是它的一周。这个说不清道不明的问题在形象思维的帮助下不言而明。

二、在教学过程中，利用教学资源，合理有效地发展学生的形象思维能力

现在的教材为我们提供了很多教学的素材，那么，这些素材出现的目的是什么？它们对于本知识要点的教学有什么现实意义与价值？怎样合理利用这些教学资源，帮助学生发展形象思维呢？

在教学“圆柱的体积”一课中，对于圆柱体积的公式，很多孩子都知道是：$V=\pi r^2 h$，但是，对于公式是怎么推导而来的呢，孩子们则比较茫然。那么，怎样理解公式的来源则显得尤为重要！于是，我先将圆柱（与教学素材相匹配的可切分圆柱模型）发给孩子们，请学生回家将圆柱拼接成已经学习过的立体图形，然后观察拼接前后立体图形各分部的关系，自行推导圆柱的体积公式。课堂上，孩子们就为什么圆柱体积公式是 $V=\pi r^2 h$ 进行了阐述：其一，将圆柱平均分成若干等分，可以拼接成一个非常接近于长方体的立体图形。那么，这个长方体的体积与圆柱的体积相等，由于长方体的体积=长×宽×高，而长方体的长相当于圆柱底面周长的一半，宽相当于圆柱的半径，高相当于圆柱的高，所以，圆柱的体积公式是 $V=\pi r^2 h$。其二，一些孩子还认为，如果将圆柱看作 N 个完全相同的圆叠成，那么，圆柱的体积就等于圆的面积乘以

高。并且，这种思想也可以类推出直柱体体积都等于底面积乘高（$V=sh$）这一通用公式。

在教学过程中借助直观形象，使抽象的公式推导和理解变得显而易见，既有利于问题的解决又有利于孩子们形象思维的培养！

三、在解决问题中，也要重视学生形象思维的培养与不断强化

数学教学的一个主要目标是培养学生的思维能力，形象思维能力是数学思维能力的一个重要组成部分。形象思维最基本的特点是形象性。形象思维所反映的对象是事物的形象，思维形式是意象、直感、想象等形象性的观念，其表达的工具和手段是能为感官所感知的图形、图像、图式和形象性的符号。形象思维的形象性使它具有生动性、直观性和整体性的优点。作为一种非逻辑思维，形象思维是科学发现的基础，数学中的发现、发明和创造也离不开形象思维。著名的数学家阿达尔曾说过："在我所从事的所有数学研究中，我都会构造这样的图像，它一定是一个模糊的东西，有了这个图，我才不致误入歧途。"

数学问题的解决和证明，往往需要从形象思维中找到途径，最后才提升到严格的数学符号表达、论证。在数学解题中，形象思维的作用则是，通过形象化分析进行表象联系，最后进行想象转化。

例如：我们在教学"生活中的推理"中有这么一道题目：小玲喜欢买玩具，她有熊猫、松鼠、小狗、洋娃娃、小喇叭、手鼓放在玩具柜里。熊猫放在洋娃娃的左边、小狗的上面，松鼠既没有放在小狗的旁边也没有放在洋娃娃的上面，小喇叭也不在小狗的旁边。这道题目，项目多，位置杂，很难直接在头脑里快速得出正确摆放方法。那么，这时我们可以构造出一个简单而形象的表格来表示摆放物品的位置，再找到关键句，逐一找到正确位置，将繁多的文字表达形象化、表格化，既一目了然又方便快捷。

又如在学习完圆柱的侧面积之后，我们一般会和孩子们一起研究这样的题目：将一个高 10 厘米的圆柱沿直径切开，这样它的表面积会增加 628 平方厘米。求这个圆柱原来的表面积是多少平方厘米？对于一些空间想象力很好的孩子而言，这道题目显得极其简单，但是，对于多数中等及以下的孩子而言，这道题目令其百思不得其解。那么，这时，就是形象思维大展身手的时候了。我们可以先将这些文字图形化。

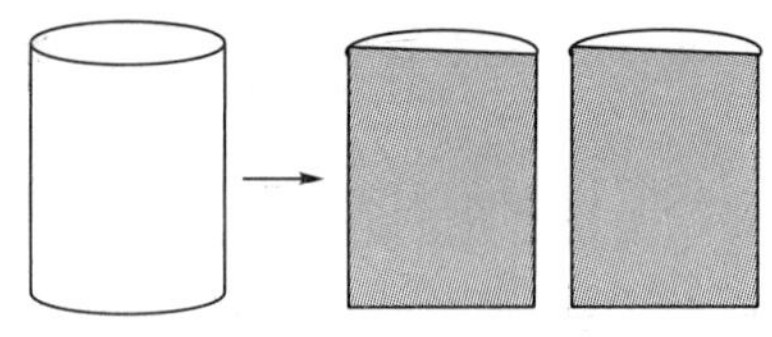

通过图形我们可以形象地分析表面积增加的部分——其实就是两个长方形的面积；然后，再进行表象联系：这个长方形的长就是圆柱的高，长方形的宽就是圆柱的底面直径。得出这些关系之后，我们就可以进行想象转化，解决实际问题了。

形象思维是反映和认识世界的重要思维形式，是培养人、教育人的有力工具，在科学研究中，科学家除了使用抽象思维以外，也经常使用形象思维。在企业经营中，高度发达的形象思维是企业家在激烈而又复杂的市场竞争中取胜不可缺少的重要条件。高层管理者离开了形象信息，就离开了形象思维，他所得到信息就可能只是间接的、过时的甚至是不确切的，因此也就难以做出正确的决策。所以，在我们当下的小学数学教学中，不能忽视对学生形象思维的引导和培养，我们应该因势利导，有效地使用教学资源，培养学生的形象思维能力！

龙小花样跳绳校本课程开展的现状和对策研究

刘 巍

一、龙小花样跳绳校本课程的开展现状的分析

（一）花样跳绳校本课程的选择

1. 花样跳绳校本课程的开展能有效带动学生体质健康的发展。

2007 年中共中央国务院《关于加强青少年体育增强青少年体质的意见》指出，增强青少年体质、促进青少年健康成长，是关系国家和民族未来的大事。学校体育课程是学校教育的重要组成部分，是实施素质教育的重要载体。

作为我国传统的民族体育项目，花样跳绳是一项容易掌握又易于开展的项目，其花样纷繁多样，学生普遍喜好，容易在校园内广泛推广和实施。同时，它还是一项有氧运动，既能发展下肢力量，也能促进手脚及身体的协调能力等身体素质的提高，增强体质。而且不受性别和年龄的限制。

2. 花样跳绳校本课程的开展符合我校的校情。

(1) 场地原因。

花样跳绳的器材简单，在一般的、较为松软平整的场地都能进行，无身体对抗，就能达到锻炼效果，不受时间和空间的限制，很适合小学生进行课间锻炼，利用点滴的时间促进身体素质的提升。

我校因处于城区，总占地 0.8 公顷，建筑面积 14200 平方米。学校现有 30 个教学班，学生 1164 人。活动场地较小，因此适合选择该项目开展校本课程。

(2) 学生学情。

小学生思维活跃，喜欢接收新鲜的体育文化。花样跳绳形式繁多，可进行的样式多变。单人绳就有上百种跳法，交互绳更是花样各异，如绕 8 字跳绳、长短绳同时跳、车轮跳、时空穿梭的合作跳，配合默契，具有互动性和观赏性。花样跳绳校本课程符合学生的学情，遵循学生身心健康发展规律，有助于学生体质的增强。

(3) 结合区域特点发展需要。

2014 年 9 月，成都市武侯区成为全国学校体育联盟（教学改革）实验区。“10+1”项目在区内推广。学校因地制宜，从本校的实际情况出发，选择了新兴体育运动项目——花式跳绳在校推广。希望能通过新的项目在校园和课堂中展开，提高学生参加体育运动的积极性，促进学校的体育文化发展，同时，也能提升体育教学质量，达到促进学生体质健康的目的。

（二）学校的花样跳绳课程设置

我校在“强化体育课和课外体育活动，促进青少年身心健康、体魄强健”的学校体育改革中，实施基础普及、能力提升、特长发展、个性拓展四类课程。自 2016 年 9 月起实施每班每周 5 节体育课，为将学校体育校本特色项目进一步开展，每班每周除开设 2 节基础普及课外，在不同水平段还分别开设含花式跳绳在内的 3 门校本能力提升课，以“2111”的课程分步实施体育课程改革。在落实“体育与健康”国家课程目标中，选择性、拓展性地开展校本课程。学校将跳绳及花样跳绳纳入每个水平段的基础教学内容，在日常教学中予以实施。为确保校本课程中的能力提升课的有效开展，相关课程由专项侧重的体育专业教师进行授课，教学计划和教案均单独完成。

（三）学校的花样跳绳课程实施

1. 基础普及课程——突显“趣”，落脚认知方法。

基础课程在全校一到六年级全面实施，结合义务教育“体育与健康”课程标准要求，在常态体育课中以小单元形式或教材搭配小游戏形式对花样跳绳的一些基本技术进行了解和认识。在学习过程中，学生知道所做动作的名称并感悟、体验花样跳绳基本动作，做到人人参与、人人知晓花样跳绳这个运动项目。

2. 能力提升课程——突显“精”，提升技术能力。

我校 2014 年开始花样跳绳校本课程的开发，安排 3—5 年级每班每周体育课有一节设置为花样跳绳课。现今，在大氛围的推动下，我校在实施每天一节体育课后，中低段各班都安排有 2 个教学单元由任课教师对该阶段的跳绳基本知识与技能进行教学。在校本课程中注重提升技术能力，在学习方法上下足功夫，以问题为导向，充分体现“三动”。

3. 特长发展课程——突显“实”，强化技能技巧。

花样跳绳作为学生喜欢的体育课程在每周五下午的“乐悦”课程中开展。采用走班选课的模式，学生自主选择，按照招生要求教师进行择优录取。“乐悦”课程中教学活动、比赛分层有趣，学生参与积极主动，操场气氛活跃，渲染力强。

4. 个性拓展课程——突显“活”，促进技术的完善。

（1）增设黄金半小时晨训。

每天 7：55～8：25 进行花样跳绳校队晨训，由花样跳绳老师按水平能力分组进行梯段式训练，并在月末进行考核调整，提高学生的练习兴趣，有对比才有进步，有选拔才有竞争。

（2）丰富的大课间锻炼。

全校集体绳操以及 3—4 年级绳操大课间活动设计新颖，定期调整动作，避免学生产生枯燥无味的心理情绪；1、2 年级跳绳比较多，两人合作跳、快快跳起来等合作游戏，大大激发了学生对跳绳的兴趣；5、6 年级跳长绳、长短绳配合，比赛、挑战，大大激发学生的合作竞争意识。

（3）特色突出的校园运动会。

每学年两次运动会，上学期是全员运动会（重竞技），下学期是亲子运动会（重趣味），在不同年级，根据能力提升课程所学技能，均涉及相应的花样跳绳项目比赛。如：跳绳比多、亲子合作跳、车轮跳、8 字跳绳等 。

（4）“龙小·校园体育吉尼斯”挑战赛。

活动的有序组织和宣传是推动课程开展的又一途径，“龙小·校园体育吉尼斯”挑战赛在每个月末定为比赛日，体育组老师利用课间、午间管理等时段，对各班班内选拔获胜者进行组织比赛，以年级为单位进行挑战赛，记录并公布在体育展板栏里。并设置了“龙小·体育吉尼斯”合跳跳绳纪录保持者、“龙小·体育吉尼斯”单脚跳跳绳纪录保持者，等等。同时，以积分制进行统计，每学年均纳入班级体育工作开展评价中。

（四）学校的花样跳绳课程评价

根据《国家学生体质健康标准》，龙小对每学期期末孩子们的跳绳水平进行客观公正的评价，以一分钟单摇跳绳为例，评价标准如下：

表 1　男/女生一分钟跳绳单项评分表（单位：次）

等级	单项得分	一年级	二年级	三年级	四年级	五年级	六年级
优秀	100	109/117	117/127	126/139	137/149	148/158	157/166
	95	104/110	112/120	121/132	132/142	143/151	152/159
	90	99/103	107/113	116/125	127/135	138/144	147/152

续表

等级	单项得分	一年级	二年级	三年级	四年级	五年级	六年级
良好	85	93/95	101/105	110/117	121/127	132/136	141/144
	80	87/87	95/97	104/109	115/119	126/128	135/136
及格	78	80/80	88/90	97/102	108/112	119/121	128/129
	76	73/73	81/83	90/95	101/105	112/114	121/122
	74	66/66	74/76	83/88	94/98	105/107	114/115
	72	59/59	67/69	76/81	87/91	98/100	107/108
	70	52/52	60/62	69/74	80/84	91/93	100/101
	68	45/45	53/55	62/67	73/77	84/86	93/94
	66	38/38	46/48	55/60	66/70	77/79	86/87
	64	31/31	39/41	48/53	59/63	70/72	79/80
	62	24/24	32/34	41/46	52/56	63/65	72/73
	60	17/17	25/27	34/39	45/49	56/58	65/66
不及格	50	14/14	22/24	31/36	42/46	53/55	62/63
	40	11/11	19/21	28/33	39/43	50/52	59/60
	30	8/8	16/18	25/30	36/40	47/49	56/57
	20	5/5	13/15	22/27	33/37	44/46	53/54
	10	2/2	10/12	19/24	30/34	41/43	50/51

除了课程教学评价，依据跳绳教学成绩、运动会成绩以及平时各种竞赛成绩，龙小设立并授予表现突出的孩子一年一度的"体育之星"荣誉称号。"多一把评价的尺子，就多一个成功的学生。"学校还根据《国家学生体质健康标准》，将跳绳水平纳入监测范围，并提前告知学生和家长相关年级的标准，将过程评价和结果评价结合起来。学校每年还将评选"十大校园体育明星"，为学生树立身边榜样。

二、龙小花样跳绳校本课程的开展现状的主要制约因素及对策

（一）缺乏花样跳绳理论教材

理论是实践的基础，学生没有与花样跳绳有关的教材，教师参阅的关于花样跳绳的教学资料也是参阅全国体育联盟到校指导时提供的光盘和花样跳绳规范教材。但缺乏指导性，随意性较强，没有明确的单元或阶段性学习目标。

根据学情，结合可参阅的花样跳绳资料，形成龙小的花样跳绳校本教材是

花样跳绳教学的依据，是学生进行系统学习的保障。教师有针对性地进行教材创编，丰富了体育教学内容，促进了学生的技术技能的有效掌握。

（二）师资力量薄弱，缺乏专业过硬的老师

在开展花样跳绳校本课程初期，为了更好地开展花样跳绳运动，学校从成都体育学院聘请专业的跳绳老师——王营婴进行教学和训练，并邀请全国学校体育联盟理事、北京毽绳协会会长师砚芳教授，全国跳绳锦标赛冠军孙贵龙到学校进行专门的指导和评价。同时，龙小体育组的老师们发动头脑风暴，通过分析学生现有的性格特点和跳绳基础，结合专业的花样跳绳技术，创编出称之为“草根跳绳”新的花样跳绳教学方法。其中，陈欣老师创编的“秧歌步跳绳”“健身球跳绳”在教学设计中推陈出新，运用花样跳绳运动中的“新”“兴”“趣”的特点，成功地吸引了孩子们的眼球，提高了孩子们学习跳绳的兴趣。

随着花样跳绳在学校的开展，外聘专业师资的不稳定性造成课程整体推进原地踏步、止步不前。目前学校花样跳绳课缺乏专业的花样跳绳老师，跳绳课由我校两名健美操教师兼任。健美操教师的基础普及的动作技术能够胜任，但技术动作对他们有一定难度，且提升的动作就不能很好地掌握和教授。要打破瓶颈，便要从解决师资入手，寻求与高校、花样跳绳协会或相关培训机构的稳定合作，切实解决专业师资问题；并能给学校有一定基础的体育老师提供外出进行花样跳绳专业培训的机会，从技能上、裁判规则等方面进行学习提升。

（三）专项资金投入力度小，组织管理体系欠缺

成都地区花样跳绳运动兴起不久，没有系统的组织管理、教师培训，甚至比赛的组织目前几乎没有，学校在这方面也就没有相关的资金投入计划，因此基本处于闭门造车的状态。如果没有专业的师资进行教学，没有各级比赛、展示、活动的促进，那这个项目的开展就会黯淡下来，变得毫无特色。

改变现状，要由学校体育工作小组牵头，形成系统完整的体育管理制度。根据需求专项投入，确保师资专项培训提升，为学生提供比赛展示的平台。

（四）缺乏宣传力度和深度，学科整合，打造特色文化

学生对花样跳绳的健身价值认识不深，对花样跳绳的动作理解也欠缺深度。应加强宣传与推广，促进学科整合。与德育相结合——小报：绳动促进身心发展，与美术结合——画说跳绳，与健美操结合——绳操，与语文结合——小作文：我与绳的缘分，与英语结合——跳绳情景剧，等等。转变传统观念，不断创新，打造属于我校特色的花样跳绳体育文化，让跳绳在校园中形成一种

文化氛围。

参考文献：

[1] 刘飞，杨树东. 花样跳绳在中小学开展现状的调查研究［J］. 青少年体育，2015（03）：104－105＋132.

[2] 谢璞，陶明明，胡磊. 武汉市中小学开展花样跳绳的影响因素分析［J］. 湖北体育科技，2013，32（07）：648－650.

[3] 卜宪琴. 跳绳校本课程的开发与利用研究［D］. 南宁：广西民族大学，2011.

新时代识字教学在变革

顾新英

思维是智力的核心，儿童的思维特点以形象思维为主，并不说明他们对事物的认识只停留在形象层面。运用信息技术为学生提供生动、形象、直观、感染力强的材料，再现情境，启发学生对表象进行分析、综合、概括的能力，促进思维向深层次发展。

我们都知道小学语文的识字、写字教学一直以来都比较单调、枯燥。老师厌教，学生厌学。但《语文课程标准》明确指出："识字是阅读和写作的基础，是一至二年级的教学重点。"因此我们只能结合学生心理特点，从教学需要出发，依据识字内容，通过游戏、表演、实验操作、动手模拟等活动，让孩子们眼、耳、手、口、脑等一齐"动"起来，以激发他们的识字兴趣。在现代"互联网＋教育"下的今天，如果能把代表悠久历史的汉字与代表当今科技信息技术巧妙地结合到一起，说不定就能产生意想不到的效果，能让孩子对识字写字课"化厌为喜"了。

信息技术综合运用文字、声音、图像、动画等手段辅助识字教学，形象地揭示汉字造字方法、呈现汉字演变过程、展示汉字蕴含知识。比如进行象形字教学时，利用信息技术形象地展示实物图片、象形字形体演变过程，学生就会准确识记字形，牢固建立字形与字义之间的联系。"偏旁部首表义，基本字表音"是形声字构字的基本规律。运用构字规律进行教学，有助于帮助学生形成独立识字的能力。

中华汉字的发展演变，历经了悠悠五千年，汉字体系的博大精深，展示着熠熠生辉的中华文化。汉字以其平稳坚实的"骨架"，承载着历史，记录了辉煌，刻画着现代，同时凝望未来。汉字的魅力是无穷的，同时奥妙也是无尽的。而要让小学生在语文课堂学习中融会贯通这样精深的汉字知识并做到熟练运用，那真是一件困难的事情。作为一名语文教师，我们知道汉字是认识事物的基础，是学习其他各门学科的工具，因此，从现阶段的语文教学实际情况来看，识字教学已经成为贯穿小学语文整个教学过程的重点。那么怎样才能让学生乐学、学会并会学生字呢？许多教师都在不断地探索距离成功最近的路径。方法各有不同，成绩自然有所差异。

十几年的一线语文教学工作，让我慢慢总结出一点识字教学的好方法，那就是借助多媒体平台，让学生轻松愉快地学习生字，从而提高教师识字教学的效率。

“丁丁冬冬学识字（三）”一课选自北师大 2017 版小学语文二年级上册十单元。本单元是集中识字单元，主要学习和人体有关的生字词。本课批量学习带有“月”部的生字，了解“月”部的含义，通过汉字部首表义的特点识记汉字。使用游戏激趣，利用平板电脑操作等策略，进行师生、生生对话，提升学生识字能力及语言表达能力。

这节课现代信息技术——平板电脑、手机及网络平台的使用让答题的过程、方式记录、习题布置和反馈都有全新的改变，提高了课堂效率。学生交流的形式由点对点变为了网状交流，是课堂教学的一大突破。

在本课教学设计中，我利用现代信息技术，将声音、图像、视频、动画及文字等信息进行处理，巧妙恰当地呈现，制成课件，创设良好的问题情境，补充学习的知识背景，提出学习目标，并设计了一些识字游戏，如“你指我认”及单选、多选习题等应用于识字教学中，学生们学得开心，记得牢固。

借助武侯教育云网站平台，将课前、课中、课后互联互通，实现了平板互动教学与个性化教学的融合，功能简易，交互强大，教与学变得更灵活。

一、网络平台提供空间——看视频、谈感受，激发学习兴趣

课前请学生登录武侯教育云网站平台观看《汉字的演变》视频，并在此网络平台跟帖交流想法，使学生对学习内容产生深厚的兴趣。借助新型预习方式，激发学生学习兴趣，让人人都能得到练习与交流，将课堂延伸到课外。

二、平板、手机齐上阵——多形式、巧练习，提高学习效率

在课堂中，学生使用平板电脑登录智慧课堂 App 完成单选、多选、抢答一系列与所学汉字相关的问题。分组任务、随机点人等手段的引入，把全课推向了高潮。大量练习，既能及时了解学生学习的情况，又能让每个孩子都来表达，使课堂上的师生交流更充分，指导更有针对性，数据统计更清晰。

当然使用现代信息手段并不是摒弃传统的方法与工具，本课还专门设计了查阅字典并在平板电脑上分组完成选义项这类传统工具书与现代 App 平板电脑相融合的练习题。

在课堂上让学生登录网站，在讨论帖中独立写句子，互读互评互赏。手机同屏展示学生坐姿及作业，教师适时指导，扬长避短，能拨动学生心弦，起到事半功倍的效果。

三、网络平台家校连通——供展示、促交流，拓展学习时空

课后还让学生登录武侯教育云网站平台完成学习单的展示及介绍带“身体”的成语。引导学生从课内再次走向课外，拓展学习的时空。

现代信息技术给教育注入了新的活力，作为新时代的语文教师不能仅仅满足于使用 PPT 课件。师生互动、生生互动都可以借助新技术、新媒体更好地实现。新技术的运用虽然更适合数学等统计性强的学科，但是语文课用上新技术后，也能大大提高效率，使学生的交流由点对点到网状交互，有效促进每一位学生的发展，大大节约课堂的时间。在教学过程中，只有充分体现教师在教学中的主导作用和学生在学习中的主体地位，将信息技术与语文学科充分整合，教学质量便能显著提升，素质教育才能真正落地。我们应努力学习信息技术知识，把握以人为本的现代教育理念，努力寻找课程教材与现代信息技术融合的切入点，真正将信息技术融入语文教学中，以适应时代对教育改革提出的新要求。

浅谈龙小校园足球开展现状与研究对策

黄　宏

一、“校园足球”的时代背景

随着社会的发展进步，我国体育事业日渐辉煌，但是足球运动的现状不甚理想，我国足球的现状已经成为体育界一个亟待解决的问题。当下我国青少年足球人员极少、足球后备人才匮乏，要想提高足球运动水平，青少年这支年轻而富有朝气的队伍无疑是最关键的力量，我们必须从中培养优秀的足球后备人才，以此来提高整个国家的足球运动水平。

（一）何谓“校园足球”

“校园足球”是指以小学为起跑线，将足球（包括足球文化、足球技能、足球训练等）引入教学，以培养青少年的足球兴趣为重点，让学生在快乐足球中强身健体，锻炼意志品质，在发挥个人天赋的同时培养团队合作意识和顽强拼搏的精神。“校园足球”对现代学生意义非凡，与我国未来的足球事业息息相关。

（二）“校园足球”的现状

“足球进校园”唤起了人们对足球认识的提高，振兴中国足球一直是现代人不断追求的目标。社会各阶层对足球的重视有了进一步的加强，因此基层足球活动开展得轰轰烈烈，特别对校园足球更是“情有独钟”。然而，作为祖国未来希望的小学生对足球的认识虽然不算一片空白，却也是知者甚少，应试教育让现在的学生一味地在数学的题海中挣扎、在语文的堡垒中喘息，但他们却不知道体育锻炼不仅能强健他们的体魄，还能够帮助他们提高学习效率。所以如何让学生改变观念，达到素质教育的要求，建立良好的体育锻炼理念，值得我们每位体育工作者深思。

二、我校足球教学现状分析

我校一直以来提倡愉快教学，随着素质教育理念不断发展，我校对于科任学科的重视程度不断加大，其中，将体育学科与语数外三科一起规划为四大基础学科。因此，在体育的教育教学方面取得了一定成效。

（一）我校足球教学存在的问题

从足球教学总体客观评价上看，我校小学在场地器材、师资能力以及学生素质方面都不具备明显的优势，甚至还在起步阶段。

第一，在场地上，成都市龙江路小学不具备标准化足球场地，全校 1278 人，人均占地面积不到 1 平方米。在器材上，没有配备充足的教学足球，没有完善的校园足球联赛。在师资上，缺乏专业的足球教师。在大课间，体育锻炼课中教职员工、各年级学生没有过多地接触足球运动，导致我校开展足球教学基础相对薄弱。

第二，课堂教学方面，虽然我校体育老师已经有计划地将足球教学带入常规的体育教学当中，但是足球的球感需要长时间的练习，才能达到技术的熟练。另外，足球运动竞技性较强，所以，大部分女同学还没有表现出浓厚的兴趣，所以课堂上的体育教学没有达到预期。

第三，个人兴趣方面，我校大部分男同学自身还是对足球拥有浓厚的兴趣。据了解我校部分学生，都是自费参与足球兴趣班、俱乐部的。三年级二班就有 3 名男生在周末参加了专业的足球培训，甚至有的同学以个人名义参加业余的足球比赛。在教职员当中，也有很多教师自身是对足球运动非常喜爱，有的是四川全兴队的资深老球迷，有的热衷于五大联赛，甚至还有参加草根联赛的高手。从中可以看出，我校教职工、学生本身对足球运动拥有较为浓厚的学习兴趣，虽然整体参加足球锻炼的人数比较少，但有这部分热爱足球运动的老师和同学的带动，可以为我校开展足球课提供重要依托。

第四，在日常的体育教育教学当中，足球课程内容相比其他体育课程内容处于滞后的发展状态，因为在场地基础等诸多不利因素下，我校体育教学课程多以跑、跳、投、韵律操等体育课程内容为主。因此，造成足球教学在教学计划中被忽略。

第五，我校对于足球教学和研究方面的教研活动不足，教研组在足球课程的教学认知上，没有有效地形成系统的教学认知，以至于我校“校园足球”的开展以及足球教学的进度停滞不前。

（二）教师足球专业素养需要提高

我校体育教师拥有较强的个人专业素养，教研组以老带新，秉承“传帮带”的良好传统，新老教师都有扎实的基本功和良好的教学能力。但是，我校体育教研组只有一位足球专业体育教师。其余体育教师足球教学理论水平还略显不足，个人足球技术也仅仅停留在略微熟悉、不够专业的层次。所以，面对需要较强理论知识以及扎实的足球技术来指导的足球教学时，教师虽然尽心尽力，想让校园足球迅速在学校热起来，但在实现过程中问题还是不断产生。

三、我校面对“校园足球”的开展及足球教学研究对策

（一）解决学校没有足球场地

我校没有标准的足球场，针对这个问题，我校体育组和校级领导反复研究商讨，认为应该严格区分校园足球和职业足球。我校应该因地制宜，学校在没有建设标准足球场的情况下，应该开展足球基础课程，以基础技能训练为准，以游戏为主，不要急于对抗练习，通过足球游戏令学生感受足球的乐趣最为重要，同时能够引领学生入门，打好基本功。体育组所有教师利用简易器材，将学校篮球场“美容”成足球场，并在周五“乐悦”课程时段，聘请专业的足球教练，由本校老师组织学生包车到正规场地进行学习，让学生充分感受足球场上的快乐。

（二）开展活动营造良好氛围

我校通过“龙娃娃”电视台，班级外墙报等媒介进行宣传，在校园中营造出良好的校园足球氛围。举行活动月，开展高段五人制、低段七人制足球比赛，还开展了足球射门比赛。同时，在我校传统活动“体育课程 Disney”中设置了很多关于足球的游戏活动，比如：足球颠球、绕杆、射门，等等。

（三）以游戏代练提高学生足球兴趣

将足球带到体育课堂当中，低段学生以玩代练，让学生了解足球、喜爱足球活动：自编多种无球和结合球的游戏，让儿童尽情享受足球的乐趣，从中初涉一些足球训练技能技巧，以培养他们对足球的强烈爱好，提高他们积极参与足球活动的浓厚兴趣，并能从中观察了解学生的运动素质。高段学生以足球基础训练内容为主，主要分为：停球、传球、运球等。训练时将游戏带入课堂练习当中，比如：模仿迎面接力的形式，进行带球接力游戏。将学生均匀分组，根据年级班级水平的不同，设定不同距离，让学生在跑道上同时开始带球前行。前一名同学带球到达终点时，将球传给下一名同学，以此类推直到小组同学全部结束。在游戏过程中，可以开展小组对抗、男女竞赛等形式来提高比赛的竞争性。通过这样的游戏练习，不仅提升了足球练习中的趣味性，也调动了学生的积极性，让他们在游戏中不知不觉提高了自身的运球水平。随着学生水

平的不断提升，游戏练习的难度也要不断提高，从简单的运球接力变换成传球障碍跑。均匀分组，教师有意识地把各组水平较高的同学进行微调，保证每一个小组的实力均等。练习时每组两名同学同时出发，不仅要绕过标志桩、小垫子等障碍，还要在通过障碍的同时完成互相传球，直到将球传递给第二名接力同学。

通过实践发现，因为小学生爱玩的天性，所以很多学生都比较喜欢这种认知简单，但却具有较强的竞技性、趣味性的游戏活动。小学生的模仿能力极强，在游戏的过程中巩固了带球过人、跑动传球等足球运动技术。

（四）内部培养与外部引进相结合，提升教师自身素质

足球进校园，对学生来说是喜悦的，对教师来说却是挑战。虽然我校体育老师较多，也都有不错的教师基本功，但是缺少专业的足球老师，只有极少老师是体院足球专业毕业。所以我校体育教研组每周一都会进行全组教研，以专业体育老师牵头针对足球理论知识进行集中学习，不仅学习足球的裁判规则，还通过视频学习一些配合战术。每次行课之前全组教师都要集中商讨，针对上周各年级教学进度和学生课堂掌握的熟练程度进行总结，结合总结结果，全组针对各个年级的实际情况制订本周足球课的内容。

（五）教师群体的积极参与

俗话说“实践是检验真理的唯一标准”，虽然我校大多数体育教师都不是足球专业出身，但是都有良好的教师基本功和出色的身体素质，同时我校大多数老师都十分热爱足球运动。在早上空余时间，我校体育组老师都会在学校操场进行足球基本功的练习，比如进行颠球、传球、盘带饶杆等各类基本功的练习，让自己的足球水平不仅仅只停留在理论上。另外足球跟体能也是紧密相关的，在抓训练体育技能的同时，我校体育组老师也不忘训练体能，组织篮球场往返跑比赛、50 米快速跑比赛，甚至还有“撕姓名条”比赛，全组体育老师在游戏中不仅收获了欢笑，也锻炼了身体素质。与此同时我校校级领导对于足球进校园也非常支持，明确指出体育锻炼不仅仅要普及到学生，也要锻炼到教师。大课间时候，所有老师都要跟着学生一起锻炼身体，参与到大课间的活动当中。不管是班主任，还是其他学科教师，都与学生共同锻炼，一起做操，一起跑步，一起进行足球运球、传球、颠球等锻炼活动。这样不仅提高了自己的身体素质，也增进了和学生的情感。在每周五下午放学后，我校领导也会组织学校喜欢足球的教师进行校内教职工足球比赛，甚至会联系其他的兄弟学校，进行一场两校教师之间的足球比赛。

四、短期计划与长远目标

对于足球进校园而言，并不是所谓的“踢”那么简单，更需要相关辅助措施的跟进与完善。所以面对“足球进校园”，我校领导与体育组成立了科研小组，每周五上午在三楼会议室进行体育教研，制订适合我校校园足球发展的短期计划与长远目标。短期计划：1. 让足球进入体育课堂当中，在体育课堂上体育教师对学生进行足球基础训练，增进学生对足球的兴趣同时提高足球技能。2. 丰富大课间活动，在部颁操和自编操后开展各年级足球锻炼活动，分为一二年级运球接力，三四年级传球，五六年级颠球。3. 举行活动月，开展高段五人制、低段七人制足球比赛，开展年级足球射门比赛。长远计划：1. 增设足球兴趣班，毕竟体育课上的时间是短暂的，放学后让对足球有兴趣的孩子参加足球兴趣班，学习强化自身的足球技能。2. 组建“龙娃娃”足球队，在体育课和兴趣班中，寻找热爱足球、能力突出的学生组建校队，在专业教师带领下，在固定时间进行较高水平的训练。3. 引进高等院校足球专业高水平运动员到校进行专业的足球指导和训练。

不论是实现中华民族伟大复兴的“中国梦”，还是追逐未来的“足球梦”，都需要校园这方沃土。小学阶段的足球课教学还是应该以激发学生学习兴趣为主，在寓教于乐中增强学生身体素质。想要让足球运动真正在校园长久发展，就要减少形式主义，多些务实举措。让孩子们在快乐中爱上足球、了解足球。这样，足球才真正能成为广受学生欢迎的校园运动，校园足球的长足发展才指日可待，中国足球的发展才会迎来崭新的春天。

参考文献

[1] 高源. 试论自我效能感培养对提升足球教学效果的意义 [J]. 体育科技. 2013 (11): 11—14
[2] 李辉. 浅谈利用兴趣提高高校足球教学效果 [J]. 当代体育科技，2014 (2): 2—7
[3] 刘延森. 足球教学改革探析 [J]. 教育教学论坛，2014 (5): 21—22
[4] 冬继峰. 足球意识在足球教学过程中的培养研究 [J]. 青春岁月，2011 (8): 23—24
[5] 齐海杰. 在足球教学中培养学生的足球意识 [J]. 新课程，2011 (6): 45—46
[6] 王峰. 浅论游戏在足球教学中的作用 [J]. 体育科技，2013 (9): 2—4
[7] 罗璇. 浅析高校足球教学改革 [J]. 教师，2014 (1): 7—11
[8] 柳河. 足球教学现状分析与创新之路 [J]. 赤峰学院学报，2012 (10): 21—22
[9] 杨德霖. 足球教学训练问题研究 [J]. 当代体育科技，2012 (1): 10—12
[10] 杨晗. 足球游戏在足球教学训练中的运用 [J]. 思茅师范高等专科学校学报，2012

(3)：53—55

[11] 刘桦楠. 上海校园足球发展研究 [J]. 体育文化导刊，2011，(08).

[12] 王格. 我国校园足球活动开展的现状、问题及对策研究 [J]. 沈阳体育学院学报，2011，(02).

[13] 王炜华，王超，丁纯等. 校园足球现状及模式研究 [J]. 运动，2011，(11).

[14] 董众鸣，龚波，颜中杰. 开展校园足球活动若干问题的探讨 [J]. 上海体育学院学报，2011，(02).

对课堂实践教学的思考

——以小学音乐课堂教学为例

杨　晶

音乐不具有语义性，音乐教学只有通过聆听、演唱、演奏、综合性艺术表演和音乐编创等多种实践形式才得以完成。学生在亲身参与这些实践活动的过程中，能获得对音乐的直接经验和丰富的情感体验，为掌握音乐相关知识和技能、领悟音乐内涵、提高音乐素养打下良好的基础。这既是小学音乐课实践教学的方向，也是对音乐课堂教学传统的突破，更是课程标准的要求。

一、小学音乐的课堂实践教学现状

笔者就脱离音乐本身、过度“愉快”且华而不实、一成不变三个问题来讨论音乐课堂的教学现状。

（一）脱离音乐本身的实践教学

音乐课堂的主体是音乐，教学目标、教学内容都应围绕这一主体，设立的课堂实践活动也应以音乐为中心。但一些教师片面地夸大了文学性的表述功能，造成对音乐“咬文嚼字”的现象。例如在2010年第29届世界音乐教育大会上，中国师生在音乐课上擅长描述音乐感受和音乐联想，而外国教师则重点进行音乐实践。虽然语言不通，但生动的音乐实践活动却牢牢吸引了学生和听课教师。又如一名教师在讲《国歌》一课中，用了大量语言描述抗战年代的惨烈及中国的部队如何奋勇杀敌的情景，为了让学生体会“重拍”，老师将一颗大石头作为课堂道具，进行了大量的课堂实践活动，而学生聆听、演唱《国歌》的次数仅三遍。像这样的课堂虽进行了实践教学，但已脱离了音乐本身，让学生感觉在上语文课。

（二）华而不实，过度“愉快”的实践教学

许多教师认为，“热闹”“快乐”“复杂”是评定一堂好的音乐课的标准。例如一位音乐教师在上一堂为“火车开了”的音乐课时，整堂课将近三分之二

的时间都在让孩子们做游戏、搞活动，但真正与课堂内容相关的少之又少，到最后，虽然学生非常开心，课堂气氛也非常活跃，但并没有达到教学前所设置的目标，即学生有感情地背唱歌曲；初步掌握 2/4 拍的强弱关系。课后对学生进行了小测试，发现大多数学生不能准确地演唱歌曲，对 2/4 拍也非常陌生。

（三）一成不变的实践教学

我国的音乐课程改革已经经历了 13 个年头，在此期间，形成了许多“标杆”式的教学模式。每个城市每个区都会定期举行赛课、评课活动，给了音乐教师互相学习的机会，但也因此造成了“千篇一律”的课堂模式。许多音乐教师的备课本从头至尾模式都很单一，实践教学的方法也少得可怜，大致有这几类：创编舞蹈、创编歌词、创编节奏。多数音乐教师认为只有创编环节才是课堂实践教学。

目前小学音乐课堂实践教学出现了许多问题，并走向了两个极端：一定过分死板、守旧，音乐课不像音乐课，倒很像语文课、思想品德课，孩子们没能从音乐课中获取有用的音乐知识，没能走进音乐、享受音乐，教师的一味说教使学生产生了厌烦情绪；二是没有根据的“创新”，许多音乐教师过于重视课堂形式的多样，忽略了课堂实践教学的实效性，看着热闹，但对学生来说意义不大。这都是音乐教师盲目地跟风、借鉴，缺乏自主创新造成的。

二、课堂实践教学问题的原因分析

上述情况发生的原因并不难找，创新的课堂实践教育不被教师重视、教师对学生的心理发展了解不够深入、教师自身专业素养止步不前等几个因素共同造成了音乐课堂实践教学的现状。

（一）音乐实践教学缺乏创新

2011 年版《音乐课程标准》提出了“课堂实践教学”，许多音乐教师在音乐课中都会加入课堂实践，所有课堂教学的内容，包括律动（舞蹈）、节奏和其他实践活动，每一节音乐课都是一样的流程——发声练习、引入教学、聆听、学唱、演唱、创编（节奏、舞蹈）。这样程式化的流程虽会产生“定式效应”，但如果每一位教师所上的每一节音乐课都是一模一样，毫无新意，学生就会渐渐失去学习的兴趣，教师也会在长期的程式化教学中失去创新意识。

（二）音乐教师对小学生心理发展了解不深

我国发展心理学中按照年龄、学制、生理发展等特点将青少年划分为婴儿期（0～1 岁）、前幼儿期（1～3 岁）、幼儿期（3～6、7 岁）、童年期或小学生时期（6、7～11、12 岁）、少年期或初中生时期（11、12～14、15 岁）及青年初期或高中时期（14、15～17、18 岁），共六个时期。作为小学音乐教师，必须深入地了解童年期（小学生时期）学生的心理发展特点，尤其是童年期的音乐心理和音乐教育特点。

（三）音乐教师专业素养止步不前

传统教师观中教师扮演三种角色。第一，社会角色。其有一称谓：教书匠。从字面上看，是教书的匠人，其内涵有两层意思：其一是传授书本知识，其二是传授方式与过程像工匠一般的机械、呆板、枯燥。第二，“蜡烛”角色。教师是蜡烛这一隐喻，流传已久，一方面体现教师的奉献和给予精神。另一方面，却忽视了教师的持续学习与成长。“蜡炬成灰泪始干”，这样的比喻句虽称颂了教师无私奉献的敬业精神，但却是片面而消极的。在这种消极的气氛中，“乐教”难以体现，“苦教”却实实在在。第三，“一桶水”角色。“教师要给学生一杯水，自己要有一桶水。”这一隐喻强调的是教师要有足够的知识和能力的储备，把教师视为知识的化身，对教师的职业能力提出了很高的要求。但是“一桶水”理论与现代教育理论相悖。“桶水论”虽对教师知识和能力的储备有一定的要求，但“水”的质量呢？特别是在当前这个知识日新月异的时代，教师如果不及时更新自己，不断“充电”，随时获取新知识，扩展自己的知识视野，调整知识结构，就无法适应教育发展的需要。

对以上原因的初探，不难得出：造成现有问题的原因是教师在设计课堂实践教学时缺乏创新。但究其造成现状的根本原因有二：一是音乐教师对小学生心理发展了解不深。二是音乐教师专业素养止步不前。这些都造成现在的音乐课堂实践教学无实效性。

三、对小学音乐的课堂实践教学现状的思考

要解决目前小学音乐课堂实践教学存在的问题，应从三方面入手：

（一）从新的音乐课程标准中找准落脚点

旧课标对音乐课程的基本性质是这样表述的：“音乐课是人文学科的一个重要领域，是实施美育的重要途径之一，是基础教育阶段的一门必修课。”其关键词可提炼为“人文、美育、必修”。新课标中对音乐课程的基本性质除了“音乐课程是九年义务教育阶段面向全体学生的一门必修课”这一概述外，还在“人文性”“审美性”“实践性”三个方面做出了具体表述。其中，新增的“实践性”尤为引人注目。对于“实践性”的具体表述如下：“音乐音响不具有

语义的确定性和事物形态的具象性。音乐课程各领域的教学只有通过聆听、演唱、演奏、综合性艺术表演和音乐编创等多种实践形式才能得以实施。学生在亲身参与这些实践活动过程中，获得对音乐的直接经验和丰富的情感体验，为掌握音乐相关知识和技能、领悟音乐内涵、提高音乐素养打下良好的基础。”

回顾课改历程，中国的音乐教师们不断地修正教学中的问题，同时通过自身教育与国外音乐教育的比较，开始关注音乐实践在音乐教学中的重要性。因此音乐教师应仔细学习并落实好新课标，找准音乐教育的落脚点——音乐本身，并充分了解音乐的本质属性，避免对音乐做过多具体的解释和物化的关联；应该重视音乐课程的“实践性”，通过聆听、演唱、演奏、综合性艺术表演和音乐创编等多种实践形式开展教学活动，还音乐课堂实践本色。

（二）充分了解小学生心理发展规律

4～7 岁的儿童对音乐作品的“欣赏”往往以好玩、新鲜、有趣为出发点，他们很难用审美标准对音乐作品的优劣做出选择，对音乐表演的好坏做出判断。几乎每个小孩都是音乐实践活动的参与者，他们爱唱、爱跳、爱敲打乐器。7～9 岁的儿童对音乐的审美态度处在“写实阶段”，他们挑选喜欢与不喜欢的作品的标准是像不像某类作品。如他们喜欢的歌曲多是以拟人化的手法写动物、植物等，贴近他们的生活。9～13 岁的学生逐步学会以审美的态度和标准来对待音乐作品，并逐渐形成自己的个性特点。随着社会的不断发展，小学生所接触的事物越来越多、越来越杂，无论是生理还是心理上都出现了“早熟”现象，所以处于新时代的音乐教师，必须与时俱进，根据学生的兴趣以及他们的心理发展特点制定特色化的实践活动。

（三）制订切实有效的教师教育培训计划

为有效落实 2011 版新课标，整个教育系统应层层制订教师教育培训计划。首先在市区教育局，应制订教师发展计划，开展教育培训活动，帮助教师发现问题并提供解决问题的方向与方法；再在各学校制订特色教育课程，教师依照个人需求、兴趣选择学习内容；最后落实到教师个人，应制订阶段性个人学习计划，重视自身薄弱环节，根据实际教学过程中出现的问题，有的放矢，提升自身能力，使自己成为学习的引领者和促进者、研究者和实践者、开发者和建设者。

按照国家课程标准，定好教师培训计划是解决问题的关键。

综上所述，通过对新课标的学习及对音乐课程教学实践问题的反思，小学音乐教育要回归基础，回归本质。这里的本质既指教育的本质又指音乐的本质。小学音乐课堂实践教学不能走入“模式化、定式化”的怪圈，而要不断创新；教师掌握“儿童发展心理学”也是必不可少的，在实践教学的过程中要达到“教是为了不教”，将课堂还给学生们。因此，学习、实践新课标，并加以思考、反思，完善课堂实践教学，对今后的小学音乐教育具有重要的意义。

参考文献

[1] 中华人民共和国教育部. 音乐课程标准［M］. 北京：北京师范大学出版社，2011.

[2] 王安国，杜永寿. 中国音乐教育［M］. 北京：人民音乐出版社，2017.

[3] 中华人民共和国教育部. 音乐课程标准［M］. 北京：北京师范大学出版社，2011.

[4] 王安国，杜永寿. 中国音乐教育［M］. 人民音乐出版社，2017.

[5] 教育部基础教育课程教材发展中心. 小学音乐教师专业能力必修［M］. 重庆：西南师范大学出版社，2012.

[6] 中华人民共和国教育部. 音乐课程标准［M］. 北京：北京师范大学出版社，2011.